Vorwort

Liebe Leserinnen, liebe Leser,

Ihr Arbeitsalltag in einer Kindertageseinrichtung ist geprägt von zahllosen Pflichten. Einige davon sind in Ihrem Arbeitsvertrag festgeschrieben, andere finden sich in den einschlägigen Gesetzen, wieder andere ergeben sich aus der Organisationsstruktur Ihres Trägers.

> Als Dädalos sein Labyrinth erbaute, ahnte er nicht, dass er das Modell für die Sozialgesetzgebung schuf.
>
> Wolfram Weidner, Journalist

Als Erzieherin oder Kindheitspädagogin richten Sie Ihr pädagogisches Handeln vorrangig an den Bedürfnissen der Kinder aus, gehen individuell auf sie ein und ermitteln, welchen Förder- und Unterstützungsbedarf jedes einzelne Kind hat. Sie orientieren sich außerdem an der Situation und den Bedarfen der Familien und arbeiten im Rahmen von Kooperation und Vernetzung mit Personen und Institutionen im unmittelbaren Umfeld der Einrichtung zusammen.

Aber kennen Sie auch die gesetzlichen Regelungen, die in Ihrem komplexen sozialpädagogischen Arbeitsfeld zu beachten sind? Vermutlich nicht, denn das bundesdeutsche Sozialrecht ist selbst für Rechtsexperten kaum noch zu durchdringen. Allein die Normen mit Kindergartenbezug, die Sie für Ihre pädagogische Praxis kennen sollten, sind vielfältig und verstreut in den unterschiedlichsten Gesetzen zu finden. Das vorliegende Heft gibt Ihnen einen Überblick über die maßgeblichen Vorschriften aus den Sozialgesetzbüchern (SGB) I bis XII und erläutert anhand zahlreicher Fallbeispiele ihren konkreten Anwendungsbereich. Einen Schwerpunkt bildet dabei natürlich das SGB VIII, das den allgemeinen rechtlichen Rahmen für Kitas darstellt und dem deshalb der gesamte erste Teil gewidmet ist. Wesentliche Inhalte des SGB VIII sind Vorschriften zum Rechtsanspruch auf einen Kindergartenplatz und auf Hilfen zur Erziehung, aber auch die Aufträge der Kinder- und Jugendhilfe wie beispielsweise der Schutz- oder der Förderungsauftrag sowie Regelungen zur Finanzierung von Kindertageseinrichtungen.
Der zweite Teil erläutert die zahlreichen anderen Normen des Sozialrechts, die für die Arbeit in Kindertageseinrichtungen von Bedeutung sind. Die Themen reichen hier von Mittagsbetreuung, Versicherungsschutz über Schweigepflicht und Datenschutz bis hin zu Mitarbeiterinnen im Freiwilligen Sozialen Jahr und geringfügig Beschäftigten. Am Ende des Heftes finden Sie zur schnellen Orientierung eine Übersicht über die behandelten Gesetze. Der nutzerfreundliche Aufbau des Heftes soll Ihnen helfen, sich im „Labyrinth" der Sozialgesetzgebung zurechtzufinden und auch als juristischer Laie zu verstehen, was die jeweilige Norm bezogen auf die pädagogische Praxis aussagt.

Tanja von Langen

Inhalt

Die Autorin

Tanja von Langen ist Rechtsanwältin und Partnerin in der Anwaltskanzlei von Langen & Partner in München. Der Schwerpunkt ihrer Tätigkeit liegt im Familien-, Arbeits- und Hygienerecht sowie in der Rechtsberatung von Kindertageseinrichtungen. Zudem ist sie Fachdozentin für Recht in der Aus- und Fortbildung von Erzieherinnen und Erziehern sowie Autorin bei verschiedenen renommierten Fachzeitschriften für den frühpädagogischen Bereich.

Hinweis:
Zur besseren Lesbarkeit verwenden wir überwiegend weibliche Bezeichnungen, zum Beispiel „Leiterinnen", „Erzieherinnen".
Selbstverständlich sind auch immer die männlichen Vertreter des Berufsstandes gemeint.

I. Das Sozialgesetzbuch VIII: Kinder- und Jugendhilfegesetz

1. SGB VIII – der rechtliche Rahmen für Kitas

Vermutlich arbeiten Sie in einer Kindertageseinrichtung und haben schon allein beruflich immer wieder mit der Kinder- und Jugendhilfe zu tun, wenn Sie Eltern hinsichtlich Hilfen zur Erziehung beraten, mit dem Jugendamt einen Fall von Kindeswohlgefährdung diskutieren, von Ihrer Aufsichtsbehörde, also dem Landesjugendamt, zu einer Fortbildung eingeladen oder über die neusten Gesetzesänderungen informiert werden.

Praxisbeispiel
Gisa K., Leiterin der Kita „Rappelkiste", ist genervt. Seit sie heute morgen per E-Mail vom zuständigen Landratsamt von der „Dritten Verordnung zur Änderung der Verordnung zur Ausführung des Bayerischen Kinderbildungs- und -betreuungsgesetzes" erfahren hat, in die es sich nun hinsichtlich der Meldung von Fehlzeiten einzuarbeiten gilt, fragt sie sich, wer da eigentlich noch durchblicken soll.

Das Sozialgesetzbuch VIII bildet den bundesrechtlichen Handlungsrahmen für Kinderbetreuungseinrichtungen. Hier lauert bereits der erste Fallstrick: Sie dürfen das SGB VIII nämlich nicht verwechseln mit dem Kinder- und Jugendhilfegesetz (KJHG). Das KJHG wird im allgemeinen Sprachgebrauch – manchmal sogar von Juristen – häufig als SGB VIII bezeichnet und umgekehrt das SGB VIII als Kinder- und Jugendhilfegesetz benannt. Tatsächlich handelt es sich aber um zwei verschiedene Gesetze: Das KJHG ist ein Artikelgesetz mit 24 Artikeln, dessen Artikel 1 aus dem gesamten SGB VIII mit derzeit 105 Paragrafen besteht. Die Artikel 2–24 des KJHG ändern andere Gesetze mit dem Ziel der Neuregelung der Kinder- und Jugendhilfe und beinhalten Regelungen zum Inkrafttreten.

Landesgesetze sind Ausführungsgesetze

Beide Gesetze, KJHG und SGB VIII, müssen Sie immer im Zusammenhang mit ihren jeweiligen Ausführungsgesetzen lesen. Ausführungsgesetze sind beispielsweise die Gesetze über Tageseinrichtungen für Kinder der einzelnen Bundesländer. Das bedeutet, dass die einzelnen Gesetze der Bundesländer wie beispielsweise das Bayerische Kinderbildungs- und Betreuungsgesetz, das Hessische Kinder- und Jugendhilfegesetzbuch, das Sächsische KiTAG etc. auf dem Kinder- und Jugendhilfegesetz bzw. dem SGB VIII aufbauen und diese ergänzen oder erweitern. Bei der Anwendung der Vorschriften der länderspezifischen Gesetze über Tageseinrichtungen für Kinder ist daher immer der Zusammenhang mit dem übergeordneten Bundesgesetz, dem Achten Buch Sozialgesetzbuch, zu beachten.

Zur besseren Veranschaulichung kann man sich diese Gesetzesarten in einer Normenhierarchie vorstellen: Anhand dieser Grafik wird deutlich, dass selbst die Verordnung, die Gisa K. im Praxisbeispiel in die Verzweiflung treibt, noch immer direkt auf das KJHG zurückzuführen ist, eben Kinder- und Jugendhilferecht ist.

Die Gesetzeshierarchie

KJHG

↓

SGB VIII

↓

Kindergarten-Landesgesetze als Ausführungsgesetze

↓

Ausführungsverordnungen zu diesen Landesgesetzen

↓

Änderungsverordnungen zu diesen Ausführungsverordnungen

↓

Verordnungen zu Änderungsverordnungen

Das SGB VIII

- regelt allgemein die Leistungen und Hilfeangebote gegenüber Kindern und Jugendlichen sowie deren Familien,
- schreibt den Erziehungs-, Bildungs- und Betreuungsauftrag von Kindertageseinrichtungen fest,
- setzt das Kindeswohl zum Maßstab für alle Leistungen,
- gibt Kindertageseinrichtungen den Auftrag zur Familienorientierung,
- formuliert einen sozialintegrativen Auftrag in § 1 Absatz 3 Nr. 4: Jugendhilfe soll dazu beitragen, „positive Lebensbedingungen für junge Menschen und ihre Familien sowie eine kinder- und familienfreundliche Umwelt zu erhalten oder zu schaffen",
- formuliert einen Gleichberechtigungsauftrag in § 9 Nr. 3: Bei der Erfüllung der Aufgaben sind „die unterschiedlichen Lebenslagen von Mädchen und Jungen zu berücksichtigen, Benachteiligungen abzubauen und die Gleichberechtigung von Jungen und Mädchen zu fördern",
- fordert die Partizipation von Kindern und Jugendlichen in § 8 Absatz 1 Satz 1: „Kinder und Jugendliche sind entsprechend ihrem Entwicklungsstand an allen sie betreffenden Entscheidungen der öffentlichen Jugendhilfe zu beteiligen",
- fördert darüber hinaus die Partizipation der Eltern in § 22a Absatz 2: Die Fachkräfte in den Einrichtungen sollen „mit den Erziehungsberechtigten und Tagespflegepersonen zum Wohl der Kinder und zur Sicherung der Kontinuität des Erziehungsprozesses" zusammenarbeiten. Und: „Die Erziehungsberechtigten sind an den Entscheidungen in wesentlichen Angelegenheiten der Erziehung, Bildung und Betreuung zu beteiligen".

Leitgedanken für Fachkräfte

Kindertageseinrichtungen und ihre pädagogischen Mitarbeiterinnen können sich demnach an folgenden durch das SGB VIII gesetzten Leitgedanken orientieren:

- Erziehung, Bildung und Betreuung
- Kindeswohlorientierung
- Familienorientierung
- Partizipation von Kindern und Eltern
- Soziale Integration
- Gleichberechtigung
- Sozialraumorientierung (Zusammenarbeit mit anderen öffentlichen Einrichtungen, z.B. Beratungsstellen)
- Planungsverantwortung (Verantwortung für die sinnvolle Planung der pädagogischen Arbeit)

2. Was bedeutet Kinder- und Jugendhilfe?

Jugendhilfe meint die Gesamtheit aller Leistungen zur Förderung der Entwicklung und Erziehung junger Menschen neben Familie, Schule und Berufsausbildung sowie Leistungen zur Entlastung und Unterstützung der Familie. Das Ziel aller Jugendhilfe ist gemäß § 1 Absatz 1 SGB VIII der eigenverantwortliche und gemeinschaftsfähige junge Mensch. Auf dieses Ziel sollen alle Förderangebote und Hilfen ausgerichtet sein. Das SGB VIII formuliert damit jedoch keinen eigenen Erziehungsauftrag, § 1 Absatz 2 wiederholt vielmehr den Wortlaut des Artikel 6 Absatz 2 Grundgesetz. Dieser lautet:

„Pflege und Erziehung der Kinder sind das natürliche Recht der Eltern und die zuvörderst ihnen obliegende Pflicht. Die Eltern sind bei der Erziehung der Kinder durch Staat und Kommunen zu unterstützen."

Elternrecht vor Jugendhilfe

Das aus Artikel 6 Absatz 2 Grundgesetz folgende Elternrecht geht immer aller Jugendhilfe vor. So bestimmt § 9 Nr. 1 SGB VIII, dass bestimmte Grundrichtungen der Erziehung im Rahmen der Jugendhilfeleistungen zu beachten sind, und § 1688 BGB gibt dem Pfleger oder Heimerzieher nur so lange die Alltagssorge über den Minderjährigen, wie ein Personensorgeberechtigter sie nicht wieder an sich zieht.

Praxisbeispiel

Die vierjährige Lena ist ein auffällig ungepflegtes Kind. Oft trägt sie über mehrere Tage hinweg dieselbe Kleidung, sodass diese meistens fleckig ist und auch Lena selbst manchmal ungewaschen wirkt. Lenas Erzieherin weiß aber aus Gesprächen mit Lenas Eltern, dass diese ihr Kind lieben und nur eben andere Vorstellungen von Sauberkeit haben. Für einen Eingriff in das Elternrecht von Lenas Eltern besteht daher kein Anlass. Etwas anderes kann sich ergeben, wenn Lena in gesundheitsgefährdender Weise verwahrlost.

Ein weiterer Nachrang der Jugendhilfe ergibt sich aus § 10 Absatz 1 Satz 2 SGB VIII: Dieser legt fest, dass sich niemand seiner privatrechtlichen oder öffentlich-rechtlichen Verpflichtungen unter Hinweis darauf entziehen kann, dass die Betroffenen Jugendhilfe erhalten bzw. erhalten können.

Praxisbeispiel

Barbara L. spricht heute zum wiederholten Male Kais Vater auf die rückständigen Kindergartenbeiträge an. Er lebt von seiner Frau getrennt. In der Vereinbarung zum Trennungsunterhalt wurde klar festgelegt, dass die Beiträge von ihm zu

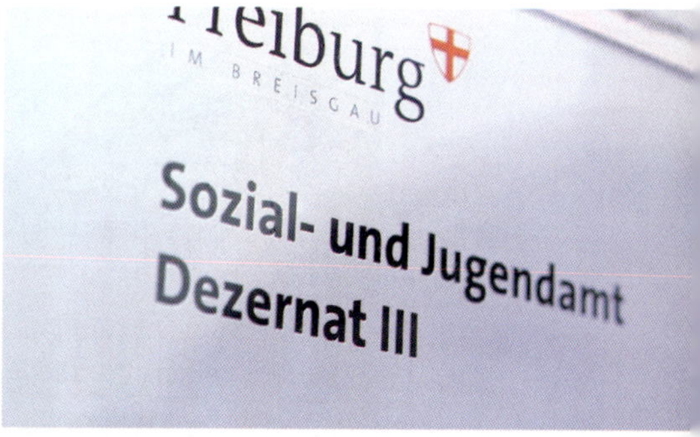

Zentrale Institution der Kinder- und Jugendhilfe

zahlen sind. Kais Vater sieht die Angelegenheit entspannt: Wenn die Einrichtung Geld wolle, solle sie sich doch an das Jugendamt wenden, die würden ja in diesen Fällen die Kosten übernehmen. Barbara L. informiert ihn darüber, dass in erster Linie er für die Kostentragung verantwortlich sei und Leistungen vom Jugendamt nur nachrangig seien. Um diese zu erhalten, müsse nicht sie, sondern er selbst dort einen Antrag stellen. Bis über diesen entschieden sei, sei er Schuldner der Kindergartenbeiträge, über die er in den nächsten Tagen eine letzte Mahnung erhalten werde.

Die Aufgaben der Jugendhilfe

Nach § 2 SGB VIII sind Aufgaben der Jugendhilfe u.a.

- die Jugendarbeit (z.B. außerschulische Jugendbildung, Sport, arbeits-, schul- und familienbezogene Jugendarbeit, Kinder- und Jugenderholung, Jugendberatung),
- die Förderung der eigenverantwortlichen Tätigkeit der Jugendverbände und Jugendgruppen,
- die Förderung der Erziehung in der Familie,
- die Förderung von Kindern in Tageseinrichtungen und
- die Jugendsozialarbeit (sozialpädagogische Hilfen zum Ausgleich sozialer Benachteiligungen und individueller Beeinträchtigungen).

Einklagbar: der Rechtsanspruch auf einen Kindergartenplatz

Doch Vorsicht! Diese Aufgaben stellen keine subjektiven, d.h. einklagbaren Rechte dar: Das SGB VIII gibt – von wenigen Ausnahmen wie beispielsweise dem Rechtsanspruch auf einen Kindergarten- und Krippenplatz abgesehen – Kindern, Jugendlichen und Eltern grundsätzlich keinen eigenen einklagbaren Anspruch auf Leistungen. Kinder und Jugendliche können sich jedoch an das Jugendamt wenden und sich auch ohne Wissen der Eltern beraten lassen. Eltern und jungen Volljährigen gibt das Gesetz einen Rechtsanspruch nur unter der Bedingung, dass Voraussetzungen, Inhalte und Adressaten der Leistungen hinreichend konkretisiert sind. Diese Bedingung ist aber selten erfüllt. Der überwiegende Teil der Leistungen der Jugendhilfe hat deswegen lediglich beratenden Charakter. Sie geben keinen Anspruch, sondern sind lediglich ein Angebot. Sie können empfohlen, aber – wie übrigens immer im Sozialrecht – nicht angeordnet oder gegen den Willen der Betroffenen erzwungen werden. Es gilt das Prinzip der Freiwilligkeit und des Antragserfordernisses: Der Betroffene muss die Leistungen freiwillig erhalten wollen und einen Antrag stellen.

Zum Katalog der Jugendhilfe gehören insbesondere die Angebote der §§ 16–20 SGB VIII:

- Allgemeine Förderung der Erziehung in der Familie nach § 16
- Beratung in Fragen der Partnerschaft, Trennung und Scheidung nach § 17
- Beratung und Unterstützung Alleinerziehender nach § 18 Absatz 1
- Hilfe bei der Geburt nichtehelicher Kinder nach § 18 Absatz 2
- Beratung und Unterstützung bei der Ausübung von sogenannten Umgangsrechten nach § 18 Absatz 3
- Mutter-Kind-Einrichtungen nach § 19
- Notwendige Betreuung und Versorgung des Kindes in der eigenen Familie nach § 20

3. Die Trägerstrukturen der Kinder- und Jugendhilfe

Die Jugendhilfe wird von Trägern der freien Jugendhilfe und von den Trägern der öffentlichen Jugendhilfe geleistet. Ob frei oder öffentlich, ihr Tätigwerden ist stets von zwei tragenden Grundsätzen geleitet.

Der Grundsatz der Vielfalt

§ 3 SGB VIII bestimmt den Grundsatz der Vielfalt:

„(1) Die Jugendhilfe ist gekennzeichnet durch die Vielfalt von Trägern unterschiedlicher Wertorientierungen und die Vielfalt von Inhalten, Methoden und Arbeitsformen.

(2) Leistungen der Jugendhilfe werden von Trägern der freien Jugendhilfe und von Trägern der öffentlichen Jugendhilfe erbracht. Leistungsverpflichtungen, die durch dieses Buch begründet werden, richten sich an die Träger der öffentlichen Jugendhilfe.

(3) Andere Aufgaben der Jugendhilfe werden von Trägern der öffentlichen Jugendhilfe wahrgenommen. Soweit dies ausdrücklich bestimmt ist, können Träger der freien Jugendhilfe diese Aufgaben wahrnehmen oder mit ihrer Ausführung betraut werden."

Diese Vielfalt der Träger soll dem Leistungsberechtigten die Möglichkeit geben, zwischen Einrichtungen und Diensten verschiedener Träger zu wählen. § 5 SGB VIII legt insoweit das Wunsch- und Wahlrecht der Eltern fest:

„(1) Die Leistungsberechtigten haben das Recht, zwischen Einrichtungen und Diensten verschiedener Träger zu wählen und Wünsche hinsichtlich der Gestaltung der Hilfe zu äußern. Sie sind auf dieses Recht hinzuweisen.

(2) Der Wahl und den Wünschen soll entsprochen werden, sofern dies nicht mit unverhältnismäßigen Mehrkosten verbunden ist. (...)"

Praxisbeispiel

Jaqueline B., Mutter des zweijährigen Benni, meldet ihren Sohn heute im Montessori-Kindergarten in M. an. M. ist zwar 30 Kilometer von ihrem Heimatdorf G. entfernt, und der Bürgermeister von G. hat auch mehrfach in Rundbriefen deutlich gemacht, was er von Eltern hält, die nicht das örtliche, teuer vorgehaltene Kindergartenangebot nutzen, doch Jaqueline B. lässt sich davon nicht einschüchtern: Die Montessori-Pädagogik hat sie überzeugt und sie wünscht, dass Benni einen Montessori-Kindergarten besucht. Die Gemeinde G. muss nun als Wohnsitzgemeinde Bennis Platz in M. mitfinanzieren.

Der Grundsatz der Subsidiarität

Bei dieser Vielfalt gilt der weitere Grundsatz der Subsidiarität, das heißt, gemäß § 4 SGB VIII soll die öffentliche Jugendhilfe von eigenen Maßnahmen absehen, soweit geeignete Einrichtungen, Dienste und Veranstaltungen von anerkannten Trägern der freien Jugendhilfe betrieben werden. Die öffentliche Jugendhilfe soll aber die freie Jugendhilfe fördern und dabei die verschiedenen Formen der Selbsthilfe stärken.

Praxisbeispiel

Seit in der Stadt H. ein großes Neubaugebiet zunehmend besiedelt wird, ist die Nachfrage nach frühpädagogischer Betreuung enorm gestiegen. Die Stadt H. kommt nicht umhin, ihre Bedarfsplanung zur Betreuung von Kindern im Alter von 1 bis 6 Jahren um mindestens 50 Plätze aufzustocken. Da die in H. bereits vorhandenen Kinderbetreuungseinrichtungen eine Erweiterung baulich nicht hergeben, soll ein neuer Kindergarten gebaut werden. Für die Trägerschaft bewerben sich verschiedene Wohlfahrtsorganisationen. Da also genügend anerkannte Träger der freien Jugendhilfe für die Trägerschaft bereit stehen, braucht und soll nach dem Grundsatz der Subsidiarität die Stadt diesen neuen Kindergarten nicht selbst betreiben.

§ 69 SGB VIII legt fest, dass die Träger der öffentlichen Jugendhilfe durch Landesrecht bestimmt werden:

„(1) Träger der öffentlichen Jugendhilfe sind die örtlichen und überörtlichen Träger. Örtliche Träger sind die Kreise und die kreisfreien Städte. Landesrecht regelt, wer überörtlicher Träger ist.

(2) Landesrecht kann regeln, dass auch kreisangehörige Gemeinden auf Antrag zu örtlichen Trägern bestimmt werden, wenn ihre Leistungsfähigkeit zur Erfüllung der Aufgaben nach diesem Buch gewährleistet ist. Landesrecht bestimmt, in welcher Weise die Erfüllung der Aufgaben nach diesem Buch in den anderen Gemeinden des Kreises sichergestellt wird, falls der Kreis dazu nicht in der Lage ist; wird durch kreisangehörige Gemeinden als örtliche Träger das gesamte Gebiet eines Kreises abgedeckt, so ist dieser Kreis nicht örtlicher Träger.

(3) Für die Wahrnehmung der Aufgaben nach diesem Buch errichtet jeder örtliche Träger ein Jugendamt, jeder überörtliche Träger ein Landesjugendamt.

(4) Mehrere örtliche Träger und mehrere überörtliche Träger können, auch wenn sie verschiedenen Ländern angehören, zur Durchführung einzelner Aufgaben gemeinsame Einrichtungen und Dienste errichten.

(5) Kreisangehörige Gemeinden und Gemeindeverbände, die nicht örtliche Träger sind, können für den örtlichen Bereich Aufgaben der Jugendhilfe wahrnehmen. Die Planung und Durchführung dieser Aufgaben ist in den wesentlichen Punkten mit dem örtlichen Träger abzustimmen; dessen Gesamtverantwortung bleibt unberührt. Für die Zusammenarbeit mit den Trägern der freien Jugendhilfe gelten die §§ 4, 74, 76 und 77 entsprechend. Landesrecht kann Näheres regeln."

a) Die öffentlichen Träger

Die Norm unterscheidet demnach die Träger der öffentlichen Jugendhilfe nach örtlichen und überörtlichen Trägern. Die örtlichen und überörtlichen Träger haben als zuständige Behörden kommunale Jugendämter und Landesjugendämter zu errichten. Dadurch soll sichergestellt werden, dass Jugendhilfeaufgaben ausschließlich von Fachbehörden erfüllt werden. Zur finanziellen und personellen Optimierung können die örtlichen und überörtlichen Träger hinsichtlich der Erledigung spezieller Aufgaben gemeinsame Dienste und Einrichtungen errichten.

Örtliche Träger der öffentlichen Jugendhilfe

Örtliche Träger sind in der Regel die Jugendämter der Kreise und kreisfreien Städte. Landesrecht kann aber auch bestimmen, dass kreisangehörige Kommunen zu örtlichen Trägern bestimmt werden.
Das Ganze ist ziemlich verwirrend, wichtig hieran ist: Haben Berechtigte einen Rechtsanspruch auf eine Leistung der Jugendhilfe – beispielsweise den Anspruch auf einen Kindergartenplatz oder auf Hilfen zur Erziehung – richtet sich dieser immer (!) gegen die örtlichen Träger der öffentlichen Jugendhilfe. Diese sind innerhalb der Jugendhilfe für die hoheitlichen, planenden und lenkenden Aufgaben verantwortlich. Nicht zuletzt finanzieren sie die freien Träger der Jugendhilfe und gewährleisten dadurch deren Angebote und Dienste. Die Plätze einer Kita sind daher – auch wenn im Einzelfall die katholische Kirche oder eine freigemeinnützige Organisation konkreter Träger ist – als soziale Dienstleistung stets von den öffentlichen Jugendhilfeträgern zu finanzieren.
Hieraus ergibt sich das folgende „sozialrechtliche Dreieck":

Sozialrechtliches Dreieck

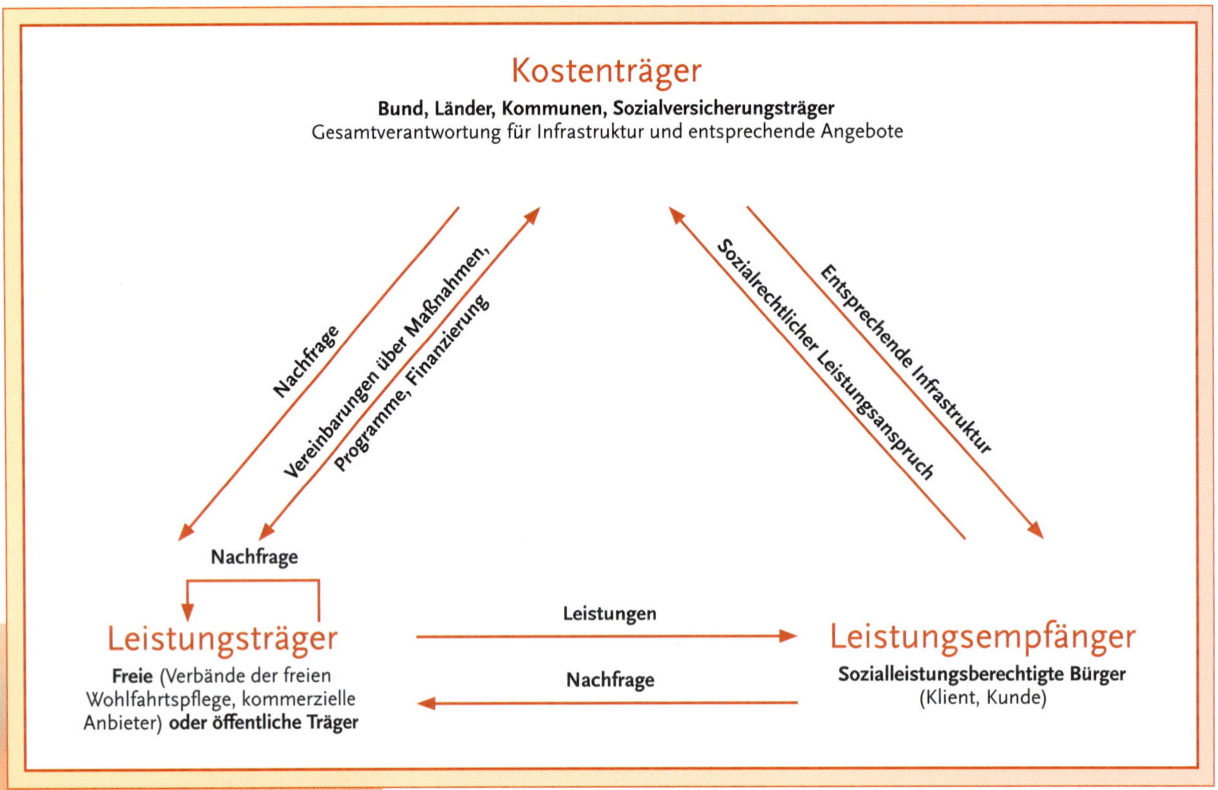

Die Eltern können somit den Anspruch auf einen Kindergartenplatz nicht an die Einrichtung direkt stellen, sondern lediglich an den örtlichen Träger der öffentlichen Jugendhilfe (das Jugendamt), der wiederum die freien oder kommunalen Träger mit der Erfüllung der Leistungen beauftragt.

Das Rechtsverhältnis zwischen Eltern/Kindern einerseits und Kita-Träger andererseits wird durch den Betreuungsvertrag geregelt, der auf einer kommunalen Satzung (bei Kommunen) oder auf einer Kindergartenordnung (bei freien Trägern) fußt: Er regelt Öffnungs- und Betreuungszeiten, Aufnahme- und Kündigungsbedingungen, Bring- und Abholpflichten, Krankheits- und Gebührenregelungen etc.

Pflichtaufgaben im eigenen Wirkungskreis

Die örtlichen Träger erfüllen mit der Kinder- und Jugendhilfe eine sogenannte Pflichtaufgabe im eigenen Wirkungskreis. Natürlich kann und muss eine Kommune auch Pflichtaufgaben nur in den Grenzen ihrer finanziellen und verwaltungsmäßigen Leistungsfähigkeit erfüllen. Übersteigt eine Pflichtaufgabe die Leistungsfähigkeit einer Gemeinde, ist ein Ausweg in kommunaler Zusammenarbeit mehrerer Gemeinden zu suchen. Pflichtaufgaben haben stets Vorrang vor freiwilligen Aufgaben.

Praxisbeispiel

In der Gemeinde W. erhitzt die Bedarfsentwicklung derzeit die Gemüter. Die jungen Eltern am Ort wünschen sich endlich eine Kinderkrippe, um Familie und Beruf besser vereinbaren zu können. Die Älteren möchten lieber den Freizeitwert in der Gemeinde steigern und votieren für eine Turnhalle für den TSV. Die Finanzen der Gemeinde lassen nur die Verwirklichung eines Projektes zu. In einer Bürgerversammlung erklärt der Bürgermeister den versammelten Gemeindemitgliedern, warum er mit dem Gemeinderat beschlossen hat, die Krippe zu bauen: Diese ist als Element der Daseinsvorsorge eine Pflichtaufgabe, während die Turnhalle eine freiwillige Aufgabe darstellt. Und Pflichtaufgaben gehen eben vor ...

Überörtliche Träger der öffentlichen Jugendhilfe

Überörtlicher Träger der Jugendhilfe sind in der Regel die Länder. Die örtlichen und überörtlichen Träger der öffentlichen Jugendhilfe kommen ihrer Verpflichtung durch die Einrichtung von Jugendämtern bzw. Landesjugendämtern nach. Die Landesjugendämter als überörtliche Träger der öffentlichen Jugendhilfe sind den Jugendämtern übergeordnet und erteilen den Trägern von Tageseinrichtungen für Kinder die sogenannte Betriebserlaubnis für Kindertageseinrichtungen nach § 45 SGB VIII.

Die Betriebserlaubnis nach § 45

§ 45 SGB VIII regelt die Erlaubnis für den Betrieb einer Einrichtung. Darin heißt es:

„(1) Der Träger einer Einrichtung, in der Kinder oder Jugendliche ganztägig oder für einen Teil des Tages betreut werden oder Unterkunft erhalten, bedarf für den Betrieb der Einrichtung der Erlaubnis. (...)

(2) Die Erlaubnis ist zu erteilen, wenn das Wohl der Kinder und Jugendlichen in der Einrichtung gewährleistet ist. Dies ist in der Regel anzunehmen, wenn

1. die dem Zweck und der Konzeption der Einrichtung entsprechenden räumlichen, fachlichen, wirtschaftlichen und personellen Voraussetzungen für den Betrieb erfüllt sind,
2. die gesellschaftliche und sprachliche Integration in der Einrichtung unterstützt wird sowie die gesundheitliche Vorsorge und die medizinische Betreuung der Kinder und Jugendlichen nicht erschwert werden sowie
3. zur Sicherung der Rechte von Kindern und Jugendlichen in der Einrichtung geeignete Verfahren der Beteiligung sowie der Möglichkeit der Beschwerde in persönlichen Angelegenheiten Anwendung finden.

(3) Zur Prüfung der Voraussetzungen hat der Träger der Einrichtung mit dem Antrag

1. die Konzeption der Einrichtung vorzulegen, die auch Auskunft über Maßnahmen zur Qualitätsentwicklung und -sicherung gibt, sowie
2. im Hinblick auf die Eignung des Personals nachzuweisen, dass die Vorlage und Prüfung von aufgabenspezifischen Ausbildungsnachweisen sowie von Führungszeugnissen nach § 30 Absatz 5 und § 30a Absatz 1 des Bundeszentralregistergesetzes sichergestellt sind; Führungszeugnisse sind von dem Träger der Einrichtung in regelmäßigen Abständen erneut anzufordern und zu prüfen.

(4) Die Erlaubnis kann mit Nebenbestimmungen versehen werden. Zur Sicherung des Wohls der Kinder und der Jugendlichen können auch nachträgliche Auflagen erteilt werden.

(5) (...)

(6) Sind in einer Einrichtung Mängel festgestellt worden, so soll die zuständige Behörde zunächst den Träger der Einrichtung über die Möglichkeiten zur Beseitigung der Mängel beraten. (...)

(7) Die Erlaubnis ist zurückzunehmen oder zu widerrufen, wenn das Wohl der Kinder oder der Jugendlichen in der Einrichtung gefährdet und der Träger der Einrichtung nicht bereit oder in der Lage ist, die Gefährdung abzuwenden (...)"

Voraussetzung für die Erteilung der Erlaubnis zum Betrieb einer Kindertageseinrichtung ist zum Beispiel die Erfüllung baurechtlicher Bestimmungen und personeller Anforderungen. Die Landesjugendämter haben hierbei eine Beratungs- und Aufsichtsfunktion. Sie weisen ferner die Träger von Einrichtungen vor Erteilung der Betriebserlaubnis ausdrücklich auf die Einhaltung der Vorschriften der gesetzlichen Unfallversicherungsträger hin und prüfen in sogenannten Revisionen, also regelmäßigen Vor-Ort-Überprüfungen, laufend die Einhaltung der Voraussetzungen der Betriebserlaubnis.

Der Betreuungsvertrag regelt das Rechtsverhältnis zwischen Elternhaus und Kita

Praxisbeispiel
Revision in der städtischen Einrichtung „Villa Kunterbunt“. Die freundliche Dame vom Landesjugendamt sitzt bereits seit einer Woche im Büro von Leiterin Viktoria Z. und kontrolliert, ob die erteilte Betriebserlaubnis weiter gelten kann: Sie überprüft beispielsweise die Anzahl der Plätze laut Betriebserlaubnis im Vergleich zu tatsächlich belegten Plätzen, das Vorliegen der Betriebserlaubnis, das Vorliegen der Bedarfsanerkennung, die Durchführung regelmäßiger geeigneter Maßnahmen zur Qualitätssicherung, das Vorliegen einer veröffentlichten Konzeption bzw. deren notwendigen Inhalt nach § 45 Absatz 2 SGB VIII, die Nachweise der U9 bzw. die Belege dafür, dass die Eltern zur Durchführung angehalten werden, die Dokumentationen des Entwicklungsverlaufes der Kinder, die Einhaltung der Mindestöffnungszeit (20 Std. an mindestens vier Tagen pro Woche), das Angebot unterschiedlicher Buchungszeitkategorien, die Staffelung der Elternbeiträge, die Buchungsbelege, das Vorliegen von Eingliederungshilfebescheiden, das Vorliegen aller Arbeitsverträge und Ausbildungsnachweise, die Einhaltung des Anstellungsschlüssels, die Einhaltung des Qualifikationsschlüssels etc.

b) Die freien Träger

Während die öffentliche Jugendhilfe für hoheitliche, planende und lenkende Aufgaben verantwortlich ist, obliegt die praktische Durchführung von Aufgaben der Jugendhilfe hingegen wie beispielsweise der Betrieb einer Kita oder die Einrichtung einer Erziehungsberatungsstelle überwiegend den freien Trägern. Diese werden durch die öffentliche Jugendhilfe zu diesem Zweck finanziert.
Als Träger der freien Jugendhilfe kommt jede Initiative, Personengruppe und -vereinigung sowie jede juristische Person in Betracht, die auf dem Gebiet der Jugendhilfe ohne gesetzliche Verpflichtung aufgrund eigener freier Entscheidung tätig wird.

Zu den Trägern der freien Jugendhilfe gehören:

- Jugendverbände, Jugendgruppen und Initiativen der Jugend,
- Selbsthilfe- und Initiativgruppen,
- Wohlfahrtsverbände, wenn und soweit sie Jugendhilfe leisten,
- Kirchen und Religionsgemeinschaften des öffentlichen Rechts.

Träger der freien Jugendhilfe werden nicht durch das SGB VIII zu Leistungen verpflichtet, sondern handeln in den Formen des Privatrechts. Sie sind grundsätzlich frei in der Entscheidung, ob, mit wem und mit welchem Inhalt sie einen Vertrag über die Erbringung einer Leistung abschließen (Vertragsfreiheit). Bei der Erbringung von Jugendhilfeleistungen nehmen sie keine öffentlich-rechtliche Aufgabe wahr. Rechtsgrundlage ihrer Rechtsbeziehungen ist meist ein Vertrag oder eine vertragsähnliche Rechtsbeziehung (z.B. ein Kindergartenvertrag).

So wird man freier Träger

§§ 74 und 75 SGB VIII regeln, wer unter welchen Voraussetzungen als freier Träger anerkannt und gefördert wird:

Wohlfahrtsverbände sind die „großen“ freien Träger der Jugendhilfe:

- Arbeiterwohlfahrt
- Caritas
- Diakonisches Werk
- Deutscher Paritätischer Wohlfahrtsverband
- Deutsches Rotes Kreuz
- Zentralwohlfahrtsstelle der Juden

Sie sind auf Landes- und Bundesebene zusammengeschlossen in der „Liga der Spitzenverbände der freien Wohlfahrtspflege“. Sie haben einen besonderen, gesetzlich anerkannten Status und nehmen entsprechend Einfluss auf die Sozialpolitik des Bundes.

§ 74 Förderung der freien Jugendhilfe

„(1) Die Träger der öffentlichen Jugendhilfe sollen die freiwillige Tätigkeit auf dem Gebiet der Jugendhilfe anregen; sie sollen sie fördern, wenn der jeweilige Träger
1. die fachlichen Voraussetzungen für die geplante Maßnahme erfüllt,
2. die Gewähr für eine zweckentsprechende und wirtschaftliche Verwendung der Mittel bietet,
3. gemeinnützige Ziele verfolgt,
4. eine angemessene Eigenleistung erbringt und
5. die Gewähr für eine den Zielen des Grundgesetzes förderliche Arbeit bietet.

Eine auf Dauer angelegte Förderung setzt in der Regel die Anerkennung als Träger der freien Jugendhilfe nach § 75 voraus."

§ 75 Anerkennung als Träger der freien Jugendhilfe

„(1) Als Träger der freien Jugendhilfe können juristische Personen und Personenvereinigungen anerkannt werden, wenn sie
1. auf dem Gebiet der Jugendhilfe im Sinne des § 1 tätig sind,
2. gemeinnützige Ziele verfolgen,
3. aufgrund der fachlichen und personellen Voraussetzungen erwarten lassen, dass sie einen nicht unwesentlichen Beitrag zur Erfüllung der Aufgaben der Jugendhilfe zu leisten imstande sind, und
4. die Gewähr für eine den Zielen des Grundgesetzes förderliche Arbeit bieten.

(2) Einen Anspruch auf Anerkennung als Träger der freien Jugendhilfe hat unter den Voraussetzungen des Absatzes 1, wer auf dem Gebiet der Jugendhilfe mindestens drei Jahre tätig gewesen ist.

(3) Die Kirchen und Religionsgemeinschaften des öffentlichen Rechts sowie die auf Bundesebene zusammengeschlossenen Verbände der freien Wohlfahrtspflege sind anerkannte Träger der freien Jugendhilfe."

Insbesondere § 75 Absatz 2 hat es in sich, denn er bedeutet in finanzieller Hinsicht, dass die Einrichtung eines nicht anerkannten Trägers in den ersten drei Jahren auf Fördergelder verzichten muss. Die notwendigen Mittel müssen in dieser Zeit entweder über die Elternbeiträge erwirtschaftet oder vom Träger vorfinanziert werden.

Die Träger der Jugendhilfe im Überblick

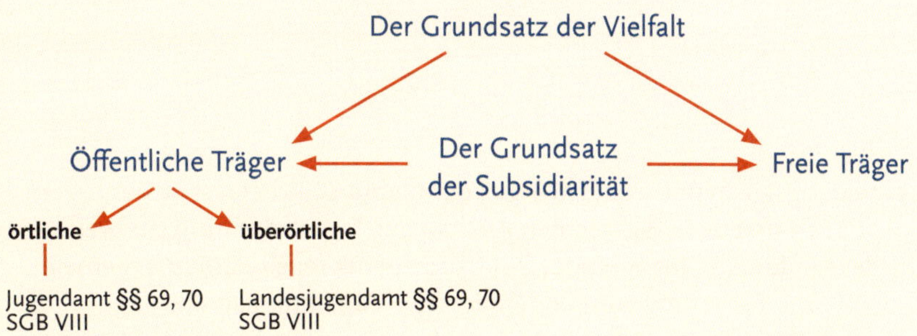

- Öffentliche Träger: Kommunen, Landkreise, Länder. Sie richten Jugendämter und Landesjugendämter ein, die die Aufgaben der Jugendhilfe wahrnehmen.
- Freie Träger: Selbsthilfeorganisationen, Elterninitiativen, Jugendverbände, Kirchen und sonstige Religionsgemeinschaften, Wohlfahrtsverbände. Letztere sind die sogenannten freigemeinnützigen Träger (Caritas, Diakonie, Deutsches Rotes Kreuz, Deutscher Paritätischer Wohlfahrtsverband etc.).
- Zusammenarbeit: Öffentliche und freie Träger arbeiten partnerschaftlich zusammen. Die Zusammenarbeit findet vorrangig im Jugendhilfeausschuss der Kommunen statt.

4. Die Rechtsansprüche in der Kinder- und Jugendhilfe

In vollem Gange: der Ausbau der Tagesbetreuung

Die wichtigsten Ausnahmen vom Angebots-Charakter der Kinder- und Jugendhilfe sind der Rechtsanspruch auf einen Kindergartenplatz sowie der Rechtsanspruch auf Hilfen zur Erziehung.

a) Der Rechtsanspruch auf einen Kindergartenplatz

§ 24 Absatz 1 SGB VIII gibt jedem Kind einen Rechtsanspruch auf einen Kindergartenplatz:

„Ein Kind hat vom vollendeten dritten Lebensjahr bis zum Schuleintritt Anspruch auf den Besuch einer Tageseinrichtung."

Seit dem 1.8.2013 haben bereits Einjährige nach dem „Gesetz zum qualitätsorientierten und bedarfsgerechten Ausbau der Tagesbetreuung für Kinder, Tagesbetreuungsausbaugesetz" (TAG) in Ergänzung des § 24 SGB VIII einen Rechtsanspruch auf einen Platz in Kita oder Kindertagespflege. Der Anspruch beginnt also mit dem ersten Geburtstag des Kindes. Organisatorisch und pädagogisch bedeutet dies für Sie einen enormen Aufwand: Ein anspruchsberechtigtes Kind muss jederzeit aufgenommen und eingegliedert werden. Die verbreitete Praxis der Festlegung von „Starterwochen", beispielsweise die erste Woche im Quartal für alle bis dahin neu angemeldeten Kinder, widerspricht dem Gesetzes-

TAG

Das Tagesbetreuungsausbaugesetz (TAG) aus dem Jahre 2004 befasst sich mit dem qualitätsorientierten und bedarfsgerechten Ausbau der Tagesbetreuung zur Weiterentwicklung der Kinder- und Jugendhilfe. Der Gesetzgeber regelt darin u.a. gemeinsame Grundsätze der Förderung von Kindern in Tageseinrichtungen und Tagespflege. Von besonderer Bedeutung sind in diesem Zusammenhang die §§ 22 bis 24 SGB VIII, in denen die Verpflichtung des Jugendamtes konkretisiert wird, Plätze für Kinder unter 3 Jahren vorzuhalten. Dafür wird eine Reihe von neuen Verpflichtungen für die Träger der öffentlichen Jugendhilfe (Jugendämter und Landesjugendämter) formuliert: Sie haben ein bedarfsgerechtes Angebot an Betreuungsplätzen vorzuhalten, müssen die Eltern über das Platzangebot in ihrem Einzugsbereich informieren, sie bei der Auswahl des Platzes beraten und auch über die pädagogische Konzeption der Einrichtung informieren. Die Jugendämter sollen künftig auch sicherstellen, dass Erzieherinnen mit Eltern und anderen familienbezogenen Institutionen, insbesondere Familienberatungsstellen und Schulen, zusammenarbeiten.

wortlaut und muss von den Eltern nicht hingenommen werden. Der Anspruch endet mit dem tatsächlichen Schuleintritt.

Darüber hinaus ist auch das bereits erwähnte in § 5 Absatz 1 Satz 1 SGB VIII normierte Wunsch- und Wahlrecht (siehe Kapitel I.3) der Eltern zu respektieren: Wird der Besuch beispielsweise eines Wald- oder Kneipp®-Kindergartens gewählt, ist dieser Platz dort von der Wohnsitzgemeinde des Kindes ebenso zu bezuschussen wie ein Platz im eigenen Gemeindegebiet. Auch aus organisatorischen Gründen kann der Wunsch bestehen, das Kind in den Kindergarten einer anderen Gemeinde zu geben.

Praxisbeispiel

Judith P. meldet heute ihren einjährigen Sohn Dennis in der Kita „Sonnenschein" in der Gemeinde A. an. Zwar liegt A. 35 Kilometer von ihrem Wohnort entfernt, Judith P. arbeitet aber in A. und kann so die Öffnungszeiten der Einrichtung besser nutzen.

Fallen bei einer solchen Konstellation Mehrkosten oder erhöhte Transportaufwendungen an, sind diese von den Eltern zu tragen. Liegen derlei Sonderwünsche nicht vor, muss der Kindergartenplatz in der Nähe des Wohnortes bereitgestellt werden. Dies muss jedoch nicht unbedingt die eigene Gemeinde sein, vielmehr richtet sich das „Wo" der Einrichtung danach, was dem Kind und dem begleitenden Erwachsenen zumutbar ist. Was aber ist noch zumutbar? Diese Frage wird von den Gerichten höchst unterschiedlich beurteilt. So kann auf dem Land eine Busfahrt von 30 Minuten noch zumutbar sein, in der Großstadt eine U-Bahn-Fahrt von fünf Minuten nicht.

Dem Kind ist nicht irgendein Kindergartenplatz bereitzustellen: Er muss qualitativ die Voraussetzungen für eine Förderung der Entwicklung des Kindes zu einer eigenverantwortlichen und gemeinschaftsfähigen Persönlichkeit nach § 22 Absatz 2 und 3 SGB VIII bieten. Das Leistungsangebot muss sich pädagogisch und organisatorisch an den Bedürfnissen der Kinder und ihren Familien orientieren.

Ausführung bleibt Sache der Länder

Wie der Kindergartenplatz im Einzelnen dem Erziehungsauftrag gerecht werden kann, sagt § 22 SGB VIII nicht. Dies ist vielmehr jeweils landesgesetzlich geregelt: Hinsichtlich der personellen und sachlichen Ausstattung, Betreuungsschlüssel, Öffnungszeiten, Gruppengröße, Qualifikation der Mitarbeiterinnen etc. finden sich dort genaue Vorgaben. Nicht gesetzlich vorgegeben und derzeit höchst umstritten ist demgegenüber die Frage, inwieweit der Kindergarten eine Mindestbetreuungszeit anbieten muss, also ob die vor allem in ländlichen Gemeinden verbreitete Praxis, den Kindergarten nur halbtags zu öffnen, mit dem Rechtsanspruch auf einen Betreuungsplatz vereinbar ist. Nach der erklärten Absicht des Gesetzgebers, eine bessere Vereinbarkeit von Familie und Beruf zu ermöglichen, müsste es immerhin – orientiert am konkreten Bedarf – auch Ganztagesplätze für voll berufstätige Eltern geben.

Wird der Platz nicht gewährt, ist das richtige Rechtsmittel, um den Anspruch einzuklagen, die Verpflichtungsklage vor dem Verwaltungsgericht. Kläger ist das Kind als Inhaber des Anspruches. Es wird vertreten durch seine Eltern. Beklagte ist stets die Wohnsitzgemeinde des Kindes als Träger der öffentlichen Jugendhilfe, und zwar unabhängig davon, ob der Kindergartenplatz bei einem freien oder öffentlichen Träger erstritten werden soll. Denn verpflichtet, Kindergarten- oder Tagespflegeplätze einzurichten bzw. vorzuhalten, sind – wie oben dargelegt – allein die öffentlichen Träger der Jugendhilfe.

b) Der Rechtsanspruch auf Hilfen zur Erziehung

Neben Kinderbetreuung im Elementarbereich stellen die Hilfen zur Erziehung gemäß § 27 SGB VIII einen zentralen Bestandteil der Aufgaben der öffentlichen Jugendhilfe dar. Sind Eltern mit der Sorge für ihr Kind überfordert, bietet ihnen der Staat Hilfen zur Erziehung an. Dies sind alle Hilfen, die Eltern und Kinder bzw. Jugendliche in die Lage versetzen, selbstständig und eigenverantwortlich eine dem Kindeswohl entsprechende Erziehung zu gewährleisten bzw. zu genießen.

Art und Umfang der Hilfe werden im Gespräch ermittelt

Voraussetzungen und Verfahren

Hilfen zur Erziehung kommen immer dann in Betracht, wenn eine dem Wohl des Kindes oder Jugendlichen entsprechende Erziehung nicht gewährleistet ist. Wie eine solche Hilfe konkret aussieht, hängt vom jeweiligen Einzelfall und Bedarf ab. In die Beurteilung der Situation sind von Beginn an immer auch die Personensorgeberechtigten als Anspruchsinhaber einzubeziehen. Keinesfalls darf es geschehen, dass über die Familie aber nicht mit ihr geredet bzw. die Hilfe von außen übergestülpt wird. In aller Regel sind Fachkräfte des Jugendamtes aus der Abteilung des Allgemeinen Sozialen Dienstes damit betraut, den erzieherischen Bedarf der konkreten Familie zu ermitteln. Art und Umfang der Hilfe wird mit den Betroffenen gemeinsam beraten und ein Hilfeplan aufgestellt. Er dient dazu, auf einer gewissen verbindlichen Grundlage zum einen Problemakzeptanz und Mitwirkung der Betroffenen zu fördern und zum anderen erzieherische Wirkung zu erreichen.

Bedeutung für Kindertageseinrichtungen

Verbringt das betroffene Kind den überwiegenden Teil des Tages bei Ihnen in der Einrichtung, sind Sie als pädagogische Fachkraft in den Hilfeplan einzubeziehen. Sie sollten daher über das Hilfeverfahren bestens informiert sein, um die Eltern mit Ihrem Rat zu stärken und ihnen Mut zu machen, professionelle Hilfe in Anspruch zu nehmen. Auch kann es vorkommen, dass ein bei Ihnen in der Einrichtung eingeleitetes sogenanntes 8a-Verfahren (Verfahren bei Gefährdung des Kindeswohls, siehe Kapitel I.5a) zum Ergebnis hat, dass ein Hilfeplanverfahren eingeleitet werden soll. Hierin ist Ihre Einrichtung dann selbstverständlich ebenfalls einzubeziehen.

Auch im Bereich der Hilfen zur Erziehung ist wieder das Wunsch- und Wahlrecht der Eltern, das § 5 SGB VIII festschreibt, zu beachten. Sie können Wünsche hinsichtlich der Gestaltung der Hilfen äußern und sind auf dieses Recht hinzuweisen. Auch sind nach § 9 SGB VIII bestimmte Grundrichtungen der bisherigen und gewünschten Erziehung durch die Eltern zu berücksichtigen. Und als ganz wesentliche Vorschrift kommt in diesem Zusammenhang noch § 8 SGB VIII zum Tragen:

„Kinder und Jugendliche sind entsprechend ihrem Entwicklungsstand an allen sie betreffenden Entscheidungen der öffentlichen Jugendhilfe zu beteiligen."

Hilfen zur Erziehung

Die §§ 27–35 SGB VIII zählen eine Reihe von Hilfen auf, die jedoch nicht abschließend gemeint ist. Den Jugendämtern steht es frei, in eigener Regie bedarfsorientierte Angebote zu entwickeln. Das Gesetz selbst nennt verschiedenste ambulante, teilstationäre und stationäre Hilfen:

- Erziehungsberatung nach § 28
- soziale Gruppenarbeit nach § 29
- Erziehungsbeistandschaft, Betreuungshelfer nach § 30
- sozialpädagogische Familienhilfe nach § 31
- Erziehung in einer Tagesgruppe nach § 32
- Vollzeitpflege nach § 33
- Heimerziehung, sonstige betreute Wohnform nach § 34
- intensive sozialpädagogische Einzelbetreuung nach § 35

Das Gesetz trifft keine Wertigkeit innerhalb der Hilfen, sie stehen gleichberechtigt nebeneinander und unterscheiden sich in erster Linie im pädagogischen Ansatz.

Diese Regelung kann aber nicht darüber hinwegtäuschen, dass den Rechtsanspruch auf Erziehungshilfen stets nur die Personensorgeberechtigten haben, nicht aber die betroffenen Kinder und Jugendlichen selbst. Verweigern die Eltern die Mitwirkung am Hilfeplan, können zwar Maßnahmen für die betroffenen Kinder getroffen werden, ihre langfristige Wirksamkeit ist aber bei unveränderten familiären Bedingungen äußerst fraglich.

Das Verfahren nach § 27 SGB VIII im Überblick

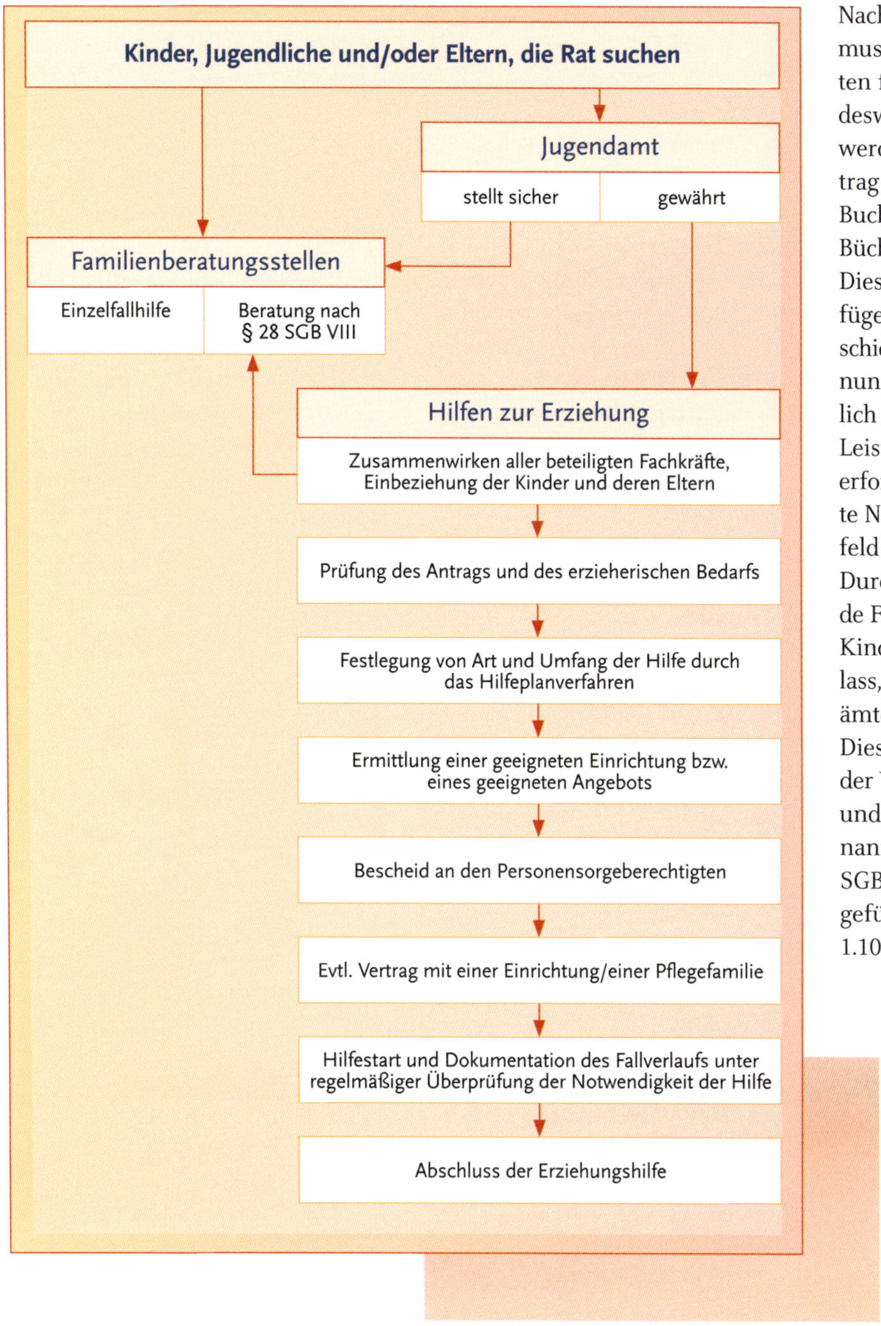

5. Die Aufträge der Kinder- und Jugendhilfe

a) Der Schutzauftrag

Eine wichtige Ausnahme vom Grundsatz des Antragserfordernisses bildet der § 8a SGB VIII. Jugendhilfe kann sich eben nicht immer dem Prinzip der Freiwilligkeit folgend darauf beschränken, Leistungen nur auf Antrag bzw. Nachfrage zu gewähren, sondern muss – jedenfalls bei Anhaltspunkten für eine Gefährdung des Kindeswohls – von Amts wegen tätig werden. Durch diesen Schutzauftrag unterscheidet sich das Achte Buch Sozialhilfe von allen anderen Büchern des Sozialgesetzbuches. Dieser Schutzauftrag führt im Gefüge des Sozialrechtes an den verschiedensten Stellen zu einem Spannungsverhältnis zwischen gesetzlich normierter Freiwilligkeit des Leistungsberechtigten und notfalls erforderlichem Zwang. Die schlechte Nachricht: In diesem Spannungsfeld sind Sie die zentrale Person! Durch zahlreiche aufsehenerregende Fälle von Kindesmissbrauch und Kindeswohlgefährdung bestand Anlass, den Schutzauftrag der Jugendämter wieder stärker zu betonen. Dies ist im Rahmen des Gesetzes der Weiterentwicklung der Kinder- und Jugendhilfe, kurz KICK genannt, geschehen. KICK hat dem SGB VIII den § 8a SGB VIII hinzugefügt. Das Gesetzespaket trat am 1.10.2005 in Kraft.

KICK

Das Gesetz zur Weiterentwicklung der Kinder- und Jugendhilfe (KICK) verbessert

- den Schutz von Kindern und Jugendlichen bei Gefahren für ihr Wohl,
- die fachliche und wirtschaftliche Steuerungskompetenz des Jugendamtes,
- die Wirtschaftlichkeit von Leistungen der Jugendhilfe,
- die Datenlage der Jugendhilfe und
- unterstützt die durch das Tagesbetreuungsausbaugesetz (TAG) initiierte Verbesserung der Kinderbetreuung.

In der aktuellen, aufgrund des Gesetzes zur Stärkung eines aktiven Schutzes von Kindern und Jugendlichen (Bundeskinderschutzgesetz) vom 22.12.2011 neu gefassten Version lautet der § 8a Absatz 1 SGB VIII:

„Werden dem Jugendamt gewichtige Anhaltspunkte für die Gefährdung des Wohls eines Kindes oder Jugendlichen bekannt, so hat es das Gefährdungsrisiko im Zusammenwirken mehrerer Fachkräfte einzuschätzen. Soweit der wirksame Schutz dieses Kindes oder dieses Jugendlichen nicht in Frage gestellt wird, hat das Jugendamt die Erziehungsberechtigten sowie das Kind oder den Jugendlichen in die Gefährdungseinschätzung einzubeziehen und, sofern dies nach fachlicher Einschätzung erforderlich ist, sich dabei einen unmittelbaren Eindruck von dem Kind und von seiner persönlichen Umgebung zu verschaffen. Hält das Jugendamt zur Abwendung der Gefährdung die Gewährung von Hilfen für geeignet und notwendig, so hat es diese den Erziehungsberechtigten anzubieten."

Da in Absatz 1 ausschließlich die Jugendämter dem Schutzauftrag verpflichtet sind, müssen laut Absatz 4 auch Kindertageseinrichtungen ebenso wie andere Einrichtungen der Jugendhilfe im Falle des Vorliegens gewichtiger Anhaltspunkte für eine Kindeswohlgefährdung den Schutzauftrag „in entsprechender Weise" wahrnehmen und eine insoweit erfahrene Fachkraft (siehe Kasten S. 17) beratend hinzuziehen:

„In Vereinbarungen mit den Trägern von Einrichtungen und Diensten, die Leistungen nach diesem Buch erbringen, ist sicherzustellen, dass

1. deren Fachkräfte bei Bekanntwerden gewichtiger Anhaltspunkte für die Gefährdung eines von ihnen betreuten Kindes oder Jugendlichen eine Gefährdungseinschätzung vornehmen,
2. bei Gefährdungseinschätzung eine insoweit erfahrene Fachkraft beratend hinzugezogen wird sowie
3. die Erziehungsberechtigten sowie das Kind oder der Jugendliche in die Gefährdungseinschätzung einbezogen werden, soweit hierdurch der wirksame Schutz des Kindes oder Jugendlichen nicht in Frage gestellt wird.

In die Vereinbarung ist neben den Kriterien für die Qualifikation der beratend hinzuzuziehenden insoweit erfahrenen Fachkraft insbesondere die Verpflichtung aufzunehmen, dass die Fachkräfte der Träger bei den Erziehungsberechtigten auf die Inanspruchnahme von Hilfen hinwirken, wenn sie diese für erforderlich halten, und das Jugendamt informieren, falls die Gefährdung nicht anders abgewendet werden kann."

Der Verdacht auf Kindeswohlgefährdung erfordert sofortiges Handeln

§ 8a Absatz 2 macht deutlich, dass auch die Position des Jugendamtes im Rahmen einer Kindeswohlgefährdung relativ schwach ist:

„Hält das Jugendamt das Tätigwerden des Familiengerichtes für erforderlich, so hat es das Gericht anzurufen, dies gilt auch, wenn die Personensorgeberechtigten oder Erziehungsberechtigten nicht bereit oder in der Lage sind, bei der Abschätzung des Gefährdungsrisikos mitzuwirken. Besteht eine dringende Gefahr und kann die Entscheidung des Gerichtes nicht abgewartet werden, so ist das Jugendamt verpflichtet, das Kind oder den Jugendlichen in seine Obhut zu nehmen.“

Das Kindeswohl: Überall geschützt, nirgends definiert

Was genau ist denn nun das Kindeswohl, das es im Rahmen des § 8a zu schützen gilt? Obwohl dieser Begriff nicht nur im Kinder- und Jugendhilferecht, sondern auch im Familienrecht des Bürgerlichen Gesetzbuches häufig bemüht wird, wird er weder in der juristischen noch pädagogischen Literatur definiert.

Nach Maywald kann ein am Wohl des Kindes ausgerichtetes Handeln als dasjenige bezeichnet werden, „welches die an den Grundrechten und Grundbedürfnissen von Kindern orientierte, für das Kind jeweils günstigste Handlungsalternative wählt“ (Maywald 2014, S. 16). Diese Rechte sind in der UN-Kinderrechtskonvention festgehalten (siehe Kasten S. 18). Derzeit haben 193 Staaten die UN-Kinderrechtskonvention mit Ausnahme von Somalia und den USA unterzeichnet. In Deutschland ist sie – zunächst unter Vorbehalten – seit dem 5. April 1992 in Kraft. Am 15. Juli 2010 hat die Bundesregierung gegenüber dem Generalsekretär der Vereinten Nationen erklärt, dass sie die Vorbehalte zurücknimmt. Seitdem gilt die Kinderrechtskonvention vorbehaltlos für alle Kinder in Deutschland. Zwar ist ihre Lebenssituation verglichen mit vielen anderen Ländern recht gut, doch gilt es zu beachten: Bei den in der Kinderrechtskonvention festgelegten Standards handelt es sich um Mindeststandards, deren Verwirklichung immer am möglichen Potenzial zu messen ist.

Indes, die Kinderrechtskonvention der UN ist der einzige internationale Menschenrechtsvertrag, zu dem es keinerlei Regelungen darüber gibt, wie Beschwerden geäußert werden können und wie mit ihnen umzugehen ist: Die Kinderrechte sind nicht einklagbar. Im Jahre 2008 startete daher eine internationale Kampagne mit dem Ziel des Entwurfs zur Schaffung eines Individualbeschwerdeverfahrens. Der UN-Menschenrechtsrat hat im Jahre 2009 eine Arbeitsgruppe ins Leben gerufen und sie beauftragt, die Vorarbeiten für einen entsprechenden Entwurf aufzunehmen. Die BRD will sich hier in besonderer Weise einbringen.

Die insoweit erfahrene Fachkraft

Besteht der Verdacht auf Kindeswohlgefährdung, verlangt das Gesetz die Hinzuziehung einer „insoweit erfahrenen Fachkraft“. Das kann eine entsprechend qualifizierte Fachkraft aus der jeweils betroffenen Einrichtung oder aus einer ihrer Partnereinrichtungen sein. Oder Sie ziehen je nach Erfordernissen des Einzelfalles eine Fachkraft mit speziellem Fachwissen für gerade diesen Fall von außen hinzu (z.B. Arzt, Sozialarbeiter, Psychologe, Therapeut etc.).

In jedem Fall gilt: Die insoweit erfahrene Fachkraft ist ausschließlich beratend tätig. Die Fallverantwortung bleibt stets bei der Einrichtung.

Die wichtigsten Kinderrechte auf einen Blick

1. Recht auf Gleichheit
2. Recht auf Gesundheit
3. Recht auf Bildung
4. Recht auf elterliche Fürsorge
5. Recht auf Privatsphäre und persönliche Ehre
6. Recht auf Meinungsäußerung, Information und Gehör
7. Recht auf Schutz im Krieg und auf der Flucht
8. Recht auf Schutz vor Ausbeutung und Gewalt
9. Recht auf Spiel, Freizeit und Ruhe
10. Recht auf Betreuung bei Behinderung

Quelle: Übereinkommen über die Rechte des Kindes der Vereinten Nationen vom 20. November 1989
Weitere Informationen z.B. bei der Münchner Kinderrechtskampagne unter www.richtig-wichtig.org

Kindeswohlgefährdung erkennen

Ihnen als pädagogischer Fachkraft obliegt es nun, im Rahmen des § 8a zu erkennen, ob eine Auffälligkeit durch Fachdienste abgeklärt werden sollte. Hier kommen beispielsweise in Betracht:

- Ärztlicher Notfalldienst
- Allgemeiner Sozialer Dienst
- Erziehungsberatung
- Frauenhaus
- Gesundheitsamt
- Jugendamt
- Krisendienst (Krisendienste der großen Städte, Nummer gegen Kummer, Telefonseelsorge etc.)
- Pro Familia
- Suchtberatung

Auch wenn Ihnen § 8a SGB VIII damit nicht die Erstellung einer Diagnose, sondern „lediglich" eine gezielte Beobachtung abverlangt, ist diese Aufgabe schwierig genug: „Die Unbestimmtheit des Begriffs ‚Gefährdungsrisiko' verbindet sich mit der Feststellung relevanter Tatsachen und einer darauf beruhenden Prognoseentscheidung, die unter Umständen sehr schnell und nach fachlichen Standards getroffen werden muss. Hier stoßen nicht nur die Gerichte, sondern alle Beteiligten an ihre Funktionsgrenzen" (Mrozynski, § 8a, Randziffer 14,15). Schon die Frage, ob und wann Sie im konkreten Einzelfall ein 8a-Verfahren eröffnen müssen, kann problematisch sein.

Praxisbeispiel

Mette R., Leiterin der Einrichtung „Wunderland", ist ratlos. Seit Monaten diskutiert sie nun mit Linas Mutter die Verhaltensauffälligkeiten des Mädchens: Oft sieht man Lina irgendwo abwesend sinnierend stehen, über viele Sekunden in einer Absence gefangen. Fragt man sie später, was sie da gedacht hat, kann sie sich an nichts erinnern. Diese Auffälligkeiten, so die Meinung von Mette R., könnten Hinweise auf Epilepsie sein. Doch Linas Mutter, die zu allem Überfluss auch noch Ärztin ist, argumentiert die Bedenken stets wortgewaltig und medizinisch kompetent vom Tisch. Letzte Woche nun hat Mette R. einen Schlusspunkt unter die Diskussion gesetzt und Linas Mutter aufgefordert, Lina einem Fachdienst vorzustellen, um die Verhaltensauffälligkeiten abklären zu lassen. Heute nun bringt Linas Mutter ein Attest einer Psychologin, von der Mette R. weiß, dass sie mit Linas Mutter befreundet ist. Dieses Attest, so Linas Mutter, erweise ganz klar, dass mit Lina alles in Ordnung sei, und sei „doch wohl fachdienstlich genug".

Gewichtige Anhaltspunkte

Das Gesetz spricht von „gewichtigen Anhaltspunkten" für eine Kindeswohlgefährdung. Wann aber ist ein Anhaltspunkt „gewichtig"? In der juristischen Literatur gibt es ausnahmsweise eine einfache Definition: Gewichtig ist ein Anhaltspunkt dann, wenn er aus einer ernst zu nehmenden Quelle stammt (in der Regel wird dies das betroffene Kind selbst sein) und plausibel ist. Fachlich fundiert prüfen Sie

dies ab, indem Sie ein für Ihren Fall passendes Screeningverfahren in den Fokus Ihrer Beobachtungen stellen: Erhältlich sind eine ganze Reihe von Screenings für die unterschiedlichsten Fragestellungen. Diese Fragebögen prüfen nach Art einer Checkliste die „gewichtigen Anhaltspunkte" als Hinweise auf eine Kindeswohlgefährdung ab. Darunter fallen beispielsweise die „Einschätzskala Kindeswohlgefährdung in Kindertageseinrichtungen" (erhältlich unter www.kvjs.de/jugend/kinderschutz/kiwo-skala-kinderschutz-in-tageseinrichtungen), der „Wahrnehmungsbogen für den Kinderschutz. Version für Klein- und Vorschulkinder©" (erhältlich bei anne-katrin.kuenster@uniklinik-ulm.de), der „Regensburger Beobachtungsbogen" (erhältlich bei der Stadt Regensburg) oder die Risikoanalysebögen für verschiedene Altersstufen der Stadt Nürnberg (erhältlich unter www.jugendamt.nuernberg.de/fachkraefte/kinderschutz.html).
Auch Mette R. im Praxisbeispiel sollte eine solche Risikoanalyse durchführen, um für sich selbst eine größere Handlungssicherheit zu erreichen. Außerdem sollte sie darauf bestehen, dass Lina einem Fachdienst, also beispielsweise hier der Neurologie eines Kinderkrankenhauses, vorgestellt wird.

Auf die Risikoanalyse folgt die Fallberatung

Fallberatung und Einbeziehung der Eltern

Anhand der so gesammelten und dokumentierten Beobachtungen kommt es zu einer Fallberatung mit der den Fall beobachtenden Mitarbeiterin, besser noch im Team. Gemeinsam wird der Entwicklungsverlauf verfolgt und bewertet. Kommen Sie in Ihrer Fallberatung zu dem Ergebnis, dass eine Gefährdung des Kindeswohls nicht auszuschließen oder sogar definitiv gegeben ist, besteht dringender Handlungsbedarf! Ebenso müssen Sie das Verfahren in den Fällen weiter verfolgen, in denen Sie zwar keine akute Gefährdung des Kindeswohles feststellen, sich aber herausgestellt hat, dass eine dem Wohl des Kindes förderliche Erziehung im konkreten Fall nicht gegeben ist.
In all diesen Fällen sollten Sie jetzt in Ihrem eigenen Interesse dem Wortlaut des Gesetzes penibel folgen: § 8a Absatz 1 Satz 2 verlangt von Ihnen bereits in der Phase, in der es das Gefährdungsrisiko erst noch abzuschätzen gilt, die Erziehungsberechtigten in das weitere Verfahren mit einzubeziehen. Diese Vorgehensweise entspricht zum einen dem Prinzip der Freiwilligkeit, das sich wie ein roter Faden durch die gesamte Sozialgesetzgebung zieht, zum anderen wird hierdurch nach dem Willen des Gesetzgebers ein subtiler Zwang auf die Eltern ausgeübt, die Gefährdung ihres Kindes als selbstverursacht zu erkennen. Keinesfalls sollten Sie an dieser Stelle über den Kopf der Eltern hinweg eine insoweit erfahrene Fachkraft einbeziehen: Dies wäre ein schwerer Verstoß gegen datenschutzrechtliche Bestimmungen, für den Sie zu haften hätten.

> **Hinweis**
>
> Wollen Sie sich in diesem Stadium lediglich informationshalber an eine insoweit erfahrene Fachkraft wenden, spricht selbstverständlich nichts dagegen. Sie müssen aber dann die datenschutzrechtlichen Vorgaben beachten und sämtliche Daten des Kindes und seiner Familie anonymisieren bzw. pseudonymisieren!

Ausnahmen

Eine Ausnahme von der Verpflichtung zum Einbezug der Erziehungsberechtigten kann sich nur in den vom Gesetz genannten Fällen ergeben, in denen der Einbezug den wirksamen Schutz des Kindes gefährden würde. Juristisch bestehen hier zwei denkbare Fallvarianten.
Die erste Ausnahme ist der Verzicht auf Freiwilligkeit bei akuter Gefährdung:
Das Kind ist einer akuten Gefährdung ausgesetzt (z.B. schlechter Gesundheits- oder Ernährungszu-

stand). Hier kann das zuständige Jugendamt über einen Antrag beim Familiengericht ambulante oder stationäre Maßnahmen auch gegen den Willen der Eltern durchsetzen, auf Freiwilligkeit der Eltern kommt es dann nicht an.
Die zweite Ausnahme ist der Verzicht auf Einbezug bei Gefahr von Gewalt gegen das Kind: Der Einbezug der Eltern stellt eine Gefahr für das Kind dar (z.B. Verdacht auf körperliche oder sexuelle Gewalt gegen das Kind). Haben Sie diesbezüglich Anhaltspunkte, sollten Sie diese mit der insoweit erfahrenen Fachkraft eingehend erörtern und für spätere Ermittlungstätigkeiten der Strafverfolgungsbehörden detailliert dokumentieren.

Kommt die Fallberatung zum Ergebnis, dass eine Gefährdung des Kindeswohls zwar nicht gegeben ist, eine dem Wohl des Kindes entsprechende Erziehung aber nicht vorliegt, haben die Eltern des Kindes gemäß § 27 Absatz 1 SGB VIII Anspruch auf Hilfen zur Erziehung (siehe Kapitel I.4). Ihnen als Einrichtung obliegt es gemäß § 8a Absatz 4 in diesen Fällen:

- die Eltern über die Hilfsangebote des Jugendamtes in Kenntnis zu setzen,
- bei den Eltern die erforderliche Problemakzeptanz zu schaffen,
- auf die Inanspruchnahme von Hilfen hinzuwirken.

Selbstverständlich sollte es sein, dass Sie den Eltern das Jugendamt als den Kooperationspartner vorstellen, der es ist, beispielsweise indem Sie die breite Palette der Hilfsangebote vorstellen. Unter keinen Umständen sollten Sie den Eltern mit dem Jugendamt drohen!
Indes gilt auch hier wieder: Die Inanspruchnahme geeigneter Hilfen kann – dem das ganze Sozialhilferecht durchziehenden Grundsatz der Freiwilligkeit entsprechend – nur freiwillig geschehen. Und auch darüber müssen Sie die Eltern informieren. Zeigen sich diese wie Linas Mutter im Praxisbeispiel uneinsichtig, entwickeln keine Problemakzeptanz, wollen nicht mitarbeiten, wiegeln ab etc., schreibt das Gesetz in § 8a Absatz 4 die Anru-

Schutzauftrag: Die Aufgaben der Einrichtungsleitung

Die Leitung
- unterrichtet die pädagogischen Fachkräfte über die Verpflichtungen aus der Vereinbarung zwischen Jugendamt und Träger gem. § 8a SGB VIII.
- stellt diese Vereinbarung allen Mitarbeiterinnen zur Verfügung.
- unterrichtet über trägerinterne Regelungen zur Sicherstellung der Umsetzung des Schutzauftrages, vorliegende Dokumentationsunterlagen und über sonstige Informationsmaterialien und stellt diese den Mitarbeiterinnen zur Verfügung.
- unterrichtet die pädagogischen Fachkräfte über das Verfahren, sorgt für einschlägige Fortbildungen zu dem Thema.
- stellt die regelmäßige Bearbeitung der Thematik in Dienst- bzw. Teambesprechungen sicher.
- führt Fallbesprechungen mit der Mitarbeiterin durch, die Anhaltspunkte für eine Kindeswohlgefährdung wahrnimmt, übernimmt die Verantwortung und die Verfahrenssteuerung.
- übernimmt die Verantwortung für die Dokumentation der Verfahrensschritte.
- stellt die Einbeziehung der Personensorgeberechtigten sicher, soweit hierdurch der wirksame Schutz des Kindes nicht infrage gestellt wird.
- stellt die altersgerechte Beteiligung der Kinder sicher (bei Kindern von 1–6 Jahren dürfte die Entscheidung eher dahin gehen, die Kinder nicht zu beteiligen).
- stellt sicher, dass während des gesamten Verfahrens die datenschutzrechtlichen Vorgaben erfüllt sind.
- informiert und berät die Personensorgeberechtigten und wirkt auf die Inanspruchnahme der Hilfen hin.
- erstellt im Zusammenwirken mit Jugendamt, insoweit erfahrener Fachkraft und Personensorgeberechtigten ggf. den Hilfeplan.
- überwacht die Umsetzung des Hilfeplans und beurteilt kontinuierlich, ob die Kindeswohlgefährdung mit den Maßnahmen abgewendet werden kann.
- informiert bei fehlender Problemakzeptanz das Jugendamt, nachdem die Eltern hiervon Mitteilung erhalten haben.

Insbesondere im Hilfeplanverfahren kann der Anteil der Kindertageseinrichtung wesentlich für den Erfolg der Hilfe sein.

fung des Familiengerichtes durch das Jugendamt vor. Das bedeutet für Sie als Einrichtung: In diesen Fällen ist – nach vorheriger Unterrichtung der Eltern! – das Jugendamt zu informieren.

Praxisbeispiel
Die vierjährige Malin ist das einzige Kind der alleinerziehenden Svenja K., die zusätzlich zu einer Putzstelle, bei der sie am Nachmittag arbeitet, neuerdings auch noch von 20 bis 1 Uhr in einem Lokal kellnert, um sich und ihre Tochter zu ernähren. Wenn Svenja K. ihrem Nachtjob nachgeht, wird Malin per Babyfon von den Nachbarn, einem netten Rentnerehepaar, überwacht. Während nachts keine Probleme durch die Regelung entstehen, stellt die Leiterin von Malins Kita „Rasselbande", Uschi D., immer öfter fest, dass Malin – offensichtlich ungewaschen und ungekämmt – erheblich verspätet in die Kita gebracht wird. Häufig hat sie keine Brotzeit dabei und ist nicht der Witterung entsprechend gekleidet. Das von Uschi D. eingeleitete 8a-Verfahren ergibt die Notwendigkeit der Durchführung eines Hilfeplanverfahrens. Den Hilfeplan legen die Sachbearbeiterin des Jugendamtes, die insoweit erfahrene Fachkraft von der Caritas und Uschi D. gemeinsam mit Svenja K. fest: Die Sachbearbeiterin wird einmal wöchentlich am Morgen Praxisanleitung in der Familie geben: Wie ist der frühmorgendliche Ablauf zu gestalten, damit Malin pünktlich, gewaschen und gekämmt in die Kita kommt? Welche Lebensmittel eignen sich als Brotzeit? Wie ist eine ausgewogene Brotzeit zusammengestellt? Die restlichen Tage der Woche wird Svenja K. eigenständig Malin zur Kita vorbereiten und pünktlich bringen. Die Kita überwacht die konsequente Einhaltung des Planes und meldet eventuelle Versäumnisse sofort. Sie wirkt an der Fortschreibung des Hilfeplanes mit, indem sie sich in regelmäßigen Abständen zur weiteren Beratung mit dem Jugendamt und Svenja K. trifft, eventuell weitere auftretende Schwierigkeiten analysiert und in den Hilfeplan mit aufnimmt. Sie beurteilt kontinuierlich, ob die angebotenen Hilfen wirksam werden.

b) Der Förderungsauftrag

Einen weiteren gesetzlichen Auftrag erhalten Kindertageseinrichtungen im Katalog des § 22 SGB VIII, der festschreibt, was Kindertagesbetreuung leisten soll. § 22 SGB VIII legt die Grundsätze der Förderung von Kindern in Kindertageseinrichtungen fest:

„(1) Tageseinrichtungen sind Einrichtungen, in denen sich Kinder für einen Teil des Tages oder ganztägig aufhalten und in Gruppen gefördert werden. Kindertagespflege wird von einer geeigneten Tagespflegeperson in ihrem Haushalt oder im Haushalt des Personensorgeberechtigten geleistet. Das Nähere über die Abgrenzung von Tageseinrichtungen und Kindertagespflege regelt das Landesrecht. Es kann auch regeln, dass Kindertagespflege in anderen geeigneten Räumen geleistet wird.

(2) Tageseinrichtungen für Kinder und Kindertagespflege sollen
1. die Entwicklung des Kindes zu einer eigenverantwortlichen und gemeinschaftsfähigen Persönlichkeit fördern,
2. die Erziehung und Bildung in der Familie unterstützen und ergänzen,
3. den Eltern dabei helfen, Erwerbstätigkeit und Kindererziehung besser miteinander vereinbaren zu können.

(3) Der Förderungsauftrag umfasst Erziehung, Bildung und Betreuung des Kindes und bezieht sich auf die soziale, emotionale, körperliche und geistige Entwicklung des Kindes. Er schließt die Vermittlung orientierender Werte und Regeln ein. Die Förderung soll sich am Alter und Entwicklungsstand, den sprachlichen und sonstigen Fähigkeiten, der Lebenssituation sowie den Interessen und Bedürfnissen des einzelnen Kindes orientieren und seine ethnische Herkunft berücksichtigen."

1. Grundsatz: Entwicklung der Persönlichkeit

§ 22 Absatz 2 Nr. 1 legt die Förderung der Entwicklung zu einer eigenverantwortlichen und gemeinschaftsfähigen Persönlichkeit fest. Mit der Umsetzung dieses Ziels in der institutionalisierten außerfamilialen Erziehung wird der Staat seinem sogenannten Wächteramt gerecht, das in Artikel 6 Absatz 2 Satz 2 Grundgesetz festgeschriebenen ist:

„Pflege und Erziehung der Kinder sind das natürliche Recht der Eltern und die zuvörderst ihnen obliegende Pflicht. Über ihre Betätigung wacht die staatliche Gemeinschaft."

„Außerdem betont der Gesetzgeber mit § 22 Absatz 2 Nr. 1 SGB VIII die wichtige Rolle der Kindertageseinrichtungen beim Sozialisationsprozess eines jungen Menschen. Seit Schaffung des SGB VIII ist die Tagesbetreuung von Kindern einem erheblichen Wandel unterlegen. Wurde sie in ihren Anfängen überwiegend als eine schulferne, familienergänzende Form der Betreuung verstanden, stellt sie heute eher eine schulvorbereitende und zumindest teilweise familienunterstützende Form der Betreuung dar. Besonders deutlich wird dies, wenn man die Tagesbetreuung von Kindern unter drei Jahren betrachtet und dabei auch Ost- und Westdeutschland vergleicht. Ursprünglich dominierte zumindest in der Mehrheit der westdeutschen Länder noch die Vorstellung, dass diese Kinder in der Familie zu betreuen sind, und dass sich deswegen ein Elternteil – meist die Mutter – der Betreuung des Kindes widmen und auf eine Erwerbstätigkeit verzichten sollte. Heute sieht § 24 SGB VIII vor, dass die Tagesbetreuung auch den Kindern unter drei Jahren zur Verfügung stehen soll, deren Eltern einer Erwerbstätigkeit nachgehen" (Mrozynski, § 22, Randziffer 1).

2. Grundsatz: Erziehungspartnerschaft

Ein weiterer zentraler Auftrag von Kindertageseinrichtungen ist die Erziehungspartnerschaft mit den Eltern nach § 22 Absatz 2 Nr. 2 SGB VIII: Kinder- und Jugendhilfe hat die Aufgabe, Eltern in der Wahrnehmung ihrer Erziehungs- und Bildungsverantwortung zu unterstützen und zu ergänzen. Eltern sind daher an der institutionellen Erziehung, Bildung und Betreuung ihres Kindes angemessen zu beteiligen. Gemäß der Leitlinie des Early-Excellence-Konzepts, dass die Eltern die Experten für das eigene Kind sind, sollen Eltern aktiv in alle sie betreffende Angelegenheiten einbezogen werden. Denn es sind die Eltern, die das Kind in seinem familiären Umfeld, in der Interaktion mit Geschwistern und Verwandten, bei Krankheit und in der Krise, beim Ins-Bett-Bringen und in den Ferien erleben. Darüber hinaus sind aber Erziehungspartnerschaften auch mit anderen an der Erziehung des Kindes beteiligten Personen zu schließen, um die Kinder in ihren Bildungs- und Lernprozessen Kontinuität und Vielfalt sowie ein hohes Maß an Verlässlichkeit erfahren zu lassen.

Praxisbeispiel

Charlotte, vier Jahre, ist das einzige Kind ihrer Eltern. Ihre Mutter ist Ärztin, ihr Vater Unternehmer und viel in der ganzen Welt unterwegs. Damit Charlotte Kontakt zu anderen Kindern bekommt, haben die Eltern sie in den Kindergarten gegeben. Da die Mutter oft bis spät in den Abend hinein Sprechstunde hat, wird Charlotte nach dem Kindergarten von Lenka W., einem Au-pair-Mädchen aus der Ukraine, betreut. Deswegen lädt Kindergartenleiterin Astrid P. neben den Eltern auch Lenka W. zum Entwicklungsgespräch ein. Da sie Charlotte zum Kin-

Formen der Zusammenarbeit mit Eltern

		Erzieherin	
		aktiv	**passiv**
Eltern	**aktiv**	**Echte Partnerschaft** Fifty-fifty-Verantwortung gemeinsame Ziele	**Delegationsprinzip** geringe bis keine Verantwortungsübernahme, Hauptverantwortung wird bei den Eltern gesehen
	passiv	**Autoritäre Haltung** einseitige Verantwortungsübernahme	**Laissez-faire** warten, dass der andere aktiv wird, oder gemeinsames Warten auf den richtigen Zeitpunkt für Aktivität

Quelle: Viva Fialka: Wie Sie die Zusammenarbeit mit Eltern professionell gestalten. Bildungs- und Erziehungspartnerschaft. kindergarten heute – management kompakt. Verlag Herder, Freiburg 2012, S. 9

dergarten bringt und abholt sowie die Nachmittage mit ihr verbringt, hält es Astrid P. für wichtig, auch Lenka W. in die Kommunikation über Charlotte mit einzubeziehen.

Nach Fialka liegt der wesentliche Unterschied zwischen der traditionellen Elternarbeit und der Partnerschaft mit Eltern nicht so sehr in veränderten Formen des Zusammentreffens mit Eltern, sondern vielmehr in der Beziehungsgestaltung, wie der Kasten auf Seite 22 veranschaulicht.

Der Elternbeirat: Mitsprache-, aber kein Entscheidungsrecht

Der Beirat und seine Aufgaben

Elternbeteiligung und -mitbestimmung in einer Kindertageseinrichtung findet im Wesentlichen durch Einrichtung eines Elternbeirates statt, der je nach landesrechtlicher Regelung auch „Beirat", „Elternversammlung" oder „Kindergartenausschuss" heißen kann. Er setzt sich aus den Erziehungsberechtigten von Kindern, die aktuell in der Einrichtung angemeldet sind, zusammen. Der Ablauf einer Versammlung, die Wahl von Vertretern, die Beschlussfassung etc. sind jeweils landesgesetzlich geregelt.

Der Elternbeirat ist Sprachrohr aller Eltern und Bindeglied zwischen Eltern und Erzieherinnen. Er fördert das soziale Miteinander in der Einrichtung, weckt das Verständnis unter den Eltern für die Bildungs- und Erziehungsziele der Einrichtung, bündelt Wünsche, Anregungen, Stimmungen und Bedürfnisse aus der Elternschaft und stellt sie dem Fachpersonal vor, diskutiert mit dem Träger über Personalstärke, Öffnungs- und Schließzeiten und setzt sich für eine angemessene räumliche und sachliche Ausstattung ein. Er organisiert Feste, sammelt Spenden, leistet effektive Öffentlichkeitsarbeit und finanziert viele Neuanschaffungen oder Angebote, die ohne sein Engagement nicht möglich gewesen wären. Diese „Allzuständigkeit" des Elternbeirates darf aber nicht darüber hinwegtäuschen, dass sein Recht, die Geschicke der Einrichtung zu bestimmen, gegen Null geht. Denn in allen Bundesländern hat der Elternbeirat eine reine Beratungsfunktion inne. Etwaige Entscheidungsbefugnisse – welcher Art auch immer – stehen ihm nicht zu. Auch die Fassung eines Mehrheitsbeschlusses oder gar einstimmigen Beschlusses, mit dem der Leitung oder dem Träger ein bestimmtes Verhalten aufgezwungen werden soll, ändert daran nichts.

Recht auf Anhörung

Bevor Träger oder Leitung eine „wichtige" Entscheidung fällt, ist er bzw. sie jedoch gesetzlich verpflichtet, den Elternbeirat anzuhören, dies schreiben nahezu alle Landesgesetze vor. Damit dies korrekt vonstattengehen kann, ist es zunächst einmal erforderlich, dass der Beirat ausreichend inhaltlich informiert wird. Der Beirat ist dann ausreichend inhaltlich informiert, wenn er sich ein eigenes Bild von der Lage machen, sich ein eigenes Urteil bilden und sich gegenüber Leitung und Träger konstruktiv äußern kann. Dies setzt auch voraus, dass die notwendigen Informationen rechtzeitig gegeben werden, sodass der Elternbeirat sich auch zusammenfinden und beraten kann.

Praxisbeispiel

In der Gemeinde N. hat der katholische Träger der Einrichtung „St. Hubertus" am 12.12.2013 beschlossen, die Elternbeiträge um 10% zum 1.1.2014 zu erhöhen. Die Eltern werden hiervon durch einen Aushang informiert, der am letzten Tag vor den Weihnachtsferien im Elternbereich der Einrichtung aufgehängt wird. Die unsensible Vorgehensweise stößt in der Elternschaft auf erhebliche Unruhe und massive Widerstände: Viele Eltern canceln die eingehende Lastschrift mit dem erhöhten Beitrag. Der Elternbeirat erarbeitet eine offizielle Beschwerde an das Jugendamt als Aufsichtsbehörde. Diese weist den Träger auf die Notwendigkeit der Einhaltung der Vorschriften hin.

Im Praxisbeispiel ist der Elternbeirat offiziell nie informiert worden, insbesondere hat er nie erfahren, welche Umstände die Gebührenerhöhung erforderlich machen. Selbst wenn man aber annimmt, dass der Aushang, mit dem alle Eltern von der Gebührenerhöhung in Kenntnis gesetzt worden sind, ausreichend ist, kam diese Information jedenfalls viel zu spät: Wegen der anstehenden Weihnachtsferien war der Elternbeirat nicht in der Lage, sich über die Gebührenerhöhung zu beraten. Es muss ihm jedoch eine angemessene Frist hierfür gegeben werden. Im Praxisbeispiel wären es mindestens sechs Wochen gewesen. Je nach Bedeutung der Angelegenheit kann dieser Zeitraum auch noch erweitert werden, wenn beispielsweise die gesamte Elternschaft in die Meinungsfindung mit einbezogen werden soll.
Die Information des Elternbeirates muss nicht zwingend schriftlich erfolgen, sie kann auch mündlich geschehen. In diesem Fall sollten Sie aber das Gespräch mit einer Aktennotiz zur eigenen Absicherung hinsichtlich Gesprächspartnern, Zeitpunkt und Inhalten dokumentieren. Hat sich der Elternbeirat nach umfassender Information beraten, bleibt es ihm überlassen, ob er nun die Gelegenheit zur Anhörung – mündlich oder schriftlich – wahrnimmt. Rein rechtlich ist es ausreichend, dass ihm die Gelegenheit dazu eingeräumt wurde. Lehnt er die beabsichtigte Entscheidung ab, hat dies keinerlei Bindungswirkung für Sie als Leitung bzw. den Träger. Sie sollten sich in einem solchen Fall aber immer bewusst darüber sein, dass Sie auf die Bereitschaft des Elternbeirates, die dennoch getroffene Entscheidung mitzutragen, verzichten müssen. Nach einer Entscheidung des AG Karlsruhe ist es beispielsweise dem Elternbeirat auch erlaubt, bei Unstimmigkeiten an die Öffentlichkeit zu gehen und eine Pressemitteilung zu innerbetrieblichen Vorgängen zu verfassen, solange die darin getätigten Aussagen der Wahrheit entsprechen (AG Karlsruhe, Urt. vom 28.4.2000 – Az. 11 C 76/98).

Mitwirkung an Personalentscheidungen

In der Praxis wird immer wieder die Frage virulent, ob und inwieweit der Elternbeirat ein etwaiges Mitwirkungsrecht an personellen Entscheidungen hat.

Praxisbeispiel

Marina G. ist ein wenig aufgeregt. Heute stellt sie sich im „Abenteuerland“ vor, einem viergruppigen Kindergarten in kommunaler Trägerschaft. Als sie von der Leiterin Bärbel J. freundlich in deren Büro gebeten wird und ihr die dort Anwesenden vorgestellt werden, traut sie ihren Augen kaum: Dort sitzen neben der Gruppenleiterin Karin W. und dem Bürgermeister der Gemeinde noch drei weitere Damen. Bärbel J. stellt sie vor als die „Damen vom Elternbeirat, mit dem wir einen so guten und offenen Kontakt pflegen“.

Das Mitspracherecht bei der personellen Besetzung einer Kindertageseinrichtung führt keinesfalls so weit, dass Mitglieder des Elternbei-

Welche Entscheidungen unterliegen der Anhörungspflicht?

Einige Landesgesetze für den Betrieb von Kindertageseinrichtungen führen exemplarisch einzelne Aufgabenbereiche an. Generell lässt sich sagen, dass „wichtige“ Entscheidungen beispielsweise sind:

- Jahresplanung
- Planung und Gestaltung regelmäßiger Veranstaltungen für die Eltern
- Veränderungen der Gruppenstärke
- Öffnungs- und Schließzeiten
- Höhe der Elternbeiträge
- Verwendung des Kindergartenetats
- Personelle Besetzung
- Bauliche Maßnahmen
- Zusatzleistungen (Yoga, Wissenschaftsnachmittage, Psychomotorik etc.)
- Änderungen der Konzeption
- Aufnahmekriterien

rates an Vorstellungsgesprächen teilnehmen könnten. Denn die Rechte des Elternbeirates sind in jedem Fall datenschutzrechtlich zwingend begrenzt durch die Persönlichkeitsrechte der Bewerberinnen. Daher sind Sie weder verpflichtet noch befugt, dem Elternbeirat Einblick in Personaldaten oder Bewerbungsunterlagen zu gewähren. Gleiches gilt auch für andere personelle Angelegenheiten wie Zielvereinbarungsgespräche und Abmahnungen.
In personellen Angelegenheiten hat der Elternbeirat vielmehr die Aufgabe, die Einrichtung hinsichtlich der Personalstärke zu beraten, also beispielsweise zur Frage Stellung zu nehmen, ob eine Berufspraktikantin eingestellt werden soll oder eine zweite Ergänzungskraft. In Bewerbungsverfahren hat der Elternbeirat das Recht, die Anzahl der Bewerberinnen zu erfahren sowie über die zugrunde liegenden Auswahlkriterien informiert zu werden.

3. Grundsatz: Vereinbarkeit von Familie und Beruf

Diese dritte Zielvorgabe des § 22 Absatz 2 Nr. 3 wird aktuell mit dem Kinderförderungsgesetz (KiFöG), das am 26. September 2008 beschlossen wurde, umgesetzt. Aufgrund dieses Gesetzes wurde der Rechtsanspruch auf einen Kindergarten- bzw. Tagespflegeplatz (siehe Kapitel I.4a) für alle Kinder ab Vollendung des ersten Lebensjahres flächendeckend eingeführt.

Erziehung, Bildung und Betreuung

§ 22 Absatz 3 SGB VIII konkretisiert den Förderungsauftrag und macht Vorgaben, wie eine gute Förderung aussehen soll:

„Der Förderungsauftrag umfasst Erziehung, Bildung und Betreuung des Kindes und bezieht sich auf die soziale, emotionale, körperliche und geistige Entwicklung des Kindes. Er schließt die Vermittlung orientierender Werte und Regeln ein. Die Förderung soll sich am Alter und Entwicklungsstand, den sprachlichen und sonstigen Fähigkeiten, der Lebenssituation sowie den Interessen und Bedürfnissen des einzelnen Kindes orientieren und seine ethnische Herkunft berücksichtigen."

Inhalt des Förderauftrages ist nach einhelliger Auffassung von Politikern, Sozialpädagogen und Juristen über den Wortlaut des Gesetzes hinaus auch die Verpflichtung der Kindertageseinrichtung zur inklusiven Förderung, der Gewährung von Partizipationsrechten sowie die Beachtung des Gender Mainstreaming.

Inklusion

Seit im Jahre 2009 die BRD die UN–Behindertenrechtskonvention ratifiziert hat, gewinnt die Inklusion neben dem Konzept der Integration zunehmend an Bedeutung. Während Integration heißt: „Du darfst mitmachen, wenn du dich anpasst", kehrt Inklusion die Prämisse um: Die inklusive Gesellschaft etikettiert und separiert nicht mehr, niemand wird mehr ausgeschlossen. Die Diversität der Gesellschaft wird auch im Kindergarten gelebt: Jedes Kind erhält die Unterstützung, die es braucht. Somit passt sich die Einrichtung ans Kind an, nicht umgekehrt. Die umfassende Bedeutung dieses Paradigmenwechsels wird nicht zuletzt in der Erzieherausbildung offenbar: Gegenwärtig werden die Lehrpläne der Fachschulen und Fachakademien um das Fach „Inklusion" erweitert.

Praxisbeispiel
Monika S., Leiterin des heilpädagogischen Kindergartens „Sternschnuppe", nimmt heute Abschied von ihrer Einrichtung. 12 Jahre lang hat sie das Haus geleitet. Zusammen mit ihren drei Kolleginnen und einem Stab von Therapeuten betreute sie die jeweils zehn Kinder mit Behinderung. Heute wird die Einrichtung geschlossen: Heilpädagogische Einrichtungen sind politisch nicht mehr gewünscht.

Rechtliche Grundlage der Inklusion ist in erster Linie die bereits erwähnte UN-Behindertenrechtskonventi-

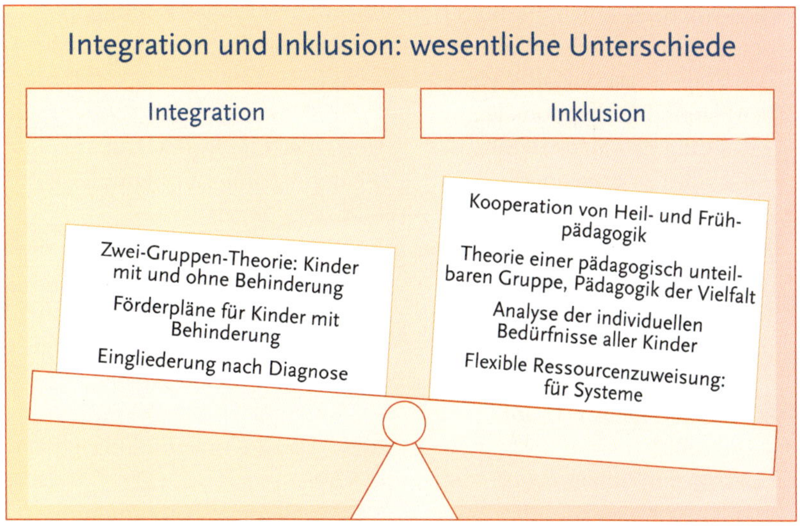

Quelle: Dörte Weltzien & Timm Albers (Hrsg.): Vielfalt und Inklusion. kindergarten heute – wissen kompakt/spezial, Verlag Herder, Freiburg 2014, S. 10

on, deren Zweck es ist, „den vollen und gleichberechtigten Genuss aller Menschenrechte und Grundfreiheiten durch alle Menschen mit Behinderungen zu fördern, zu schützen und zu gewährleisten und die Achtung der ihnen innewohnenden Würde zu fördern“ (Artikel 1 UN-Behindertenrechtskonvention). Die hier erwähnten Menschenrechte und Grundfreiheiten sind in unserem Grundgesetz verbrieft, in dem es u.a. in Artikel 3 Absatz 3 Satz 2 heißt: „Niemand darf wegen seiner Behinderung benachteiligt werden“. Darüber hinaus normiert auch die UN-Kinderrechtskonvention in Artikel 23 die Rechte behinderter Kinder. Das bundesdeutsche Sozialrecht setzt diese Maßgaben mit einer Reihe von Normen um, so im SGB VIII in:

Inklusion wird in den verschiedensten Gesetzen gefordert

- § 1 Absatz 3:
  „Jugendhilfe soll (...) 1. junge Menschen in ihrer individuellen und sozialen Entwicklung fördern und dazu beitragen, soziale Benachteiligungen zu vermeiden oder abzubauen (...)“
- § 22a Absatz 4:
  „Kinder mit und ohne Behinderung sollen, sofern der Hilfebedarf dies zulässt, in Gruppen gemeinsam gefördert werden. Zu diesem Zweck sollen die Träger der öffentlichen Jugendhilfe mit den Trägern der Sozialhilfe bei der Planung, konzeptionellen Ausgestaltung und Finanzierung des Angebotes zusammenarbeiten.“
- § 24: Rechtsanspruch auf einen Kindergartenplatz für alle Kinder
- § 35a: Eingliederungshilfe für seelisch behinderte Kinder und Jugendliche

Des Weiteren im SGB IX in:
- § 4 Absatz 3:
  „Leistungen für behinderte und von Behinderung bedrohte Kinder werden so geplant und gestaltet, dass nach Möglichkeit Kinder nicht von ihrem sozialen Umfeld getrennt und gemeinsam mit nicht behinderten Kindern betreut werden können. Dabei werden behinderte Kinder alters- und entwicklungsentsprechend an der Planung und Ausgestaltung der einzelnen Hilfen beteiligt und ihre Sorgeberechtigten intensiv in Planung und Gestaltung der Hilfen einbezogen.“
- § 30: Leistungen der Frühförderung und Früherkennung
- §§ 55 und 56: heilpädagogische Maßnahmen

Und zuletzt im SGB XII, das die Eingliederungshilfe für behinderte Menschen regelt.
Darüber hinaus haben nahezu alle Länder die Inklusion in ihre landesrechtlichen Regelungen zur frühpädagogischen Bildung mit aufgenommen, so zum Beispiel:

- §§ 7 und 8 Kinderbildungsgesetz NRW
- § 2 Kindertagesbetreuungsgesetz Baden-Württemberg
- § 7 Thüringer Gesetz über Tageseinrichtungen für Kinder

sowie ihre Bildungs- und Orientierungspläne entsprechend gefasst, so zum Beispiel:

- Bildungsprogramm für Kindertageseinrichtungen in Sachsen-Anhalt, S. 37
- Bayerischer Bildungs- und Erziehungsplan unter 2.8
- Bildungs- und Erziehungsplan für Kinder Hessen, S. 52 ff.

Weitere Informationen

Unter www.gew.de können Sie Informationen zum von Tony Booth, Mel Ainscow und Denise Kingston verfassten „Index für Inklusion“ herunterladen. Konzeptionelle Ausführungen werden in diesem Index verbunden mit praktischen und detaillierten Anregungen sowie Hilfestellung zur Umsetzung in Ihrer Einrichtung.

Partizipation

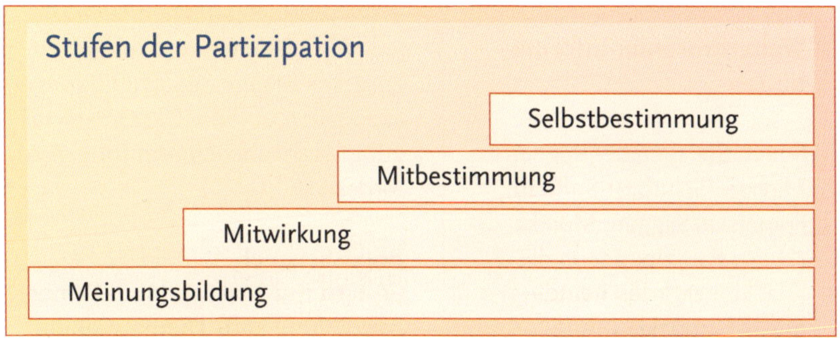

Mitmachen und Mitentscheiden sollte idealerweise schon früh beginnen. Bereits in der Kita ist eine umfassende Beteiligung möglich, etwa an der Entscheidung über Themen und Angebote, Aktionen, Projekte, Feste und Ausflüge. Erhalten die Kinder die Möglichkeit, sich in einen von Wertschätzung geprägten Dialog einzubringen und darin ihre Ideen, Empfindungen und Sichtweisen und darüber hinaus eine echte, weil entscheidungserhebliche Stimme zu artikulieren, lernen sie nicht nur einfach Demokratie: Sie erleben, dass ihre Vorschläge ernst genommen und in die Tat umgesetzt werden, sie entwickeln Strategien zur Problembewältigung und Konfliktlösung und erfahren auf diese Weise die Selbstwirksamkeit, die sie benötigen, um Resilienz aufzubauen. Partizipation in der Kita ist demnach die ernst gemeinte altersgemäße Beteiligung der Kinder am Einrichtungsleben im Rahmen ihrer Erziehung und Bildung. Rechtsgrundlage aller Partizipation in der Kita ist zum einen § 8 Absatz 1 SGB VIII, in dem es heißt:
„Kinder und Jugendliche sind entsprechend ihrem Entwicklungsstand an allen sie betreffenden Entscheidungen der öffentlichen Jugendhilfe zu beteiligen."

Zum anderen bestimmt § 9 Nr. 2 SGB VIII:
„Bei der Ausgestaltung der Leistungen und der Erfüllung der Aufgaben sind die wachsende Fähigkeit und das wachsende Bedürfnis des Kindes oder des Jugendlichen zu selbständigem, verantwortungsbewusstem Handeln sowie die jeweiligen besonderen sozialen und kulturellen Bedürfnisse und Eigenarten junger Menschen und ihrer Familien zu berücksichtigen."

Der durch das Bundeskinderschutzgesetz neu geschaffene § 8b SGB VIII normiert darüber hinaus in seinem Absatz 2 einen Anspruch von Trägern von Kindertageseinrichtungen gegen die überörtlichen Träger der Jugendhilfe auf Beratung und Unterstützung bei der Entwicklung und Anwendung fachlicher Handlungsleitlinien zu den Themen „Sicherung des Kindeswohls", „Schutz vor Gewalt", „Verfahren der Beteiligung von Kindern an strukturellen Entscheidungen in der Einrichtung" sowie „Beschwerdeverfahren in persönlichen Angelegenheiten".

Partizipation ist in unterschiedlicher Intensität denkbar (siehe Grafik „Stufen der Partizipation"). Das Mindestmaß der Beteiligung ist es, den Kindern die Informationen, die sie zur Meinungsbildung benötigen, verständlich zu übermitteln (1. Stufe). Können sie dann auch ihre Meinung äußern, ist dies ein erster Schritt hin zur Mitwirkung (2. Stufe). Wird in der Einrichtung darüber hinaus eine Kultur des Austausches von Meinungen, Argumenten und Standpunkten gepflegt und können Kinder Entscheidungen durch ihr Stimmrecht beeinflussen, kann von echter Mitbestimmung gesprochen werden (3. Stufe). Die umfassendste Form der Beteiligung ist jedoch die Selbstbestimmung, indem die Kinder Entscheidungen wie „Was mache ich als nächstes?", „Heute brauche ich draußen keine Jacke!", „Das Frühstück lasse ich ausfallen" etc. selbst treffen (4. Stufe).

Die Meinung der Kinder ist gefragt

Weiterführende Informationen

finden Sie auch bei Regner, Michael/Schubert-Suffrian, Franziska/Saggau, Monika (2012): Partizipation in der Kita. kindergarten heute – praxis kompakt, 3. Aufl., Freiburg: Verlag Herder.

Gender Mainstreaming

„Gender“ (engl.) steht für das soziale Geschlecht, „Mainstreaming“ bedeutet Hauptstrom bzw. Hauptströmung. Gender Mainstreaming meint nach Vollmer, dass in allen gesellschaftlichen Vorhaben die unterschiedlichen Lebenssituationen und Interessen von Frauen und Männern von vornherein und regelmäßig zu berücksichtigen sind, da es keine geschlechtsneutrale Wirklichkeit gibt. Gender Mainstreaming will die bestehenden Geschlechterverhältnisse und darin eingelagerte geschlechterbezogene Benachteiligungen sichtbar machen. Es soll eine Gleichstellung zwischen Frauen und Männern, also Geschlechtergerechtigkeit, hergestellt werden. Gender Mainstreaming ist ein Auftrag für Leitungen und alle Mitarbeiterinnen in der Organisation und muss als Querschnittsaufgabe in allen Handlungsfeldern und Themenbereichen berücksichtigt werden (vgl. Vollmer 2012, S. 332). Rechtliche Grundlagen für Gender Mainstreaming sind auf EU-Ebene der Amsterdamer Vertrag, auf Bundesebene das Grundgesetz sowie § 9 SGB VIII, in dem es heißt:

„Bei der Ausgestaltung der Leistungen und Erfüllung der Aufgaben sind (...)

3. die unterschiedlichen Lebenslagen von Mädchen und Jungen zu berücksichtigen, Benachteiligungen abzubauen und die Gleichberechtigung von Mädchen und Jungen zu fördern.“

Praxisbeispiel
Gestern war Martina W. auf einer Fortbildung zum Thema „Gender Mainstreaming“. Als sie heute in der Einrichtung erscheint, weht ein neuer Wind: In der nächsten Teambesprechung schlägt sie vor, Bau- und Puppenecke sollten verschiedenen Funktionsräumen weichen. Weiterhin kündigt sie an, das Präventionskonzept neu überarbeiten zu wollen: Die Einschränkungen, die männliche Praktikanten bei ihrer Arbeit mit den Kindern beachten müssten, seien aus dem Konzept zu entfernen. Außerdem wolle sie die frei gewordene Stelle der Leitung der Bärengruppe an einen männlichen Bewerber vergeben.

Gender Mainstreaming ist derzeit – nicht nur in der Frühpädagogik – in aller Munde. Ist mit der Auflösung von Bau- und Puppenecke wie hier im Praxisbeispiel wirklich alles getan? Welche Herausforderungen für Kita-Teams sind mit dem Begriff verbunden und wo besteht Handlungsbedarf unter besonderer Berücksichtigung der rechtlichen Anforderungen? Wo wird erstrebte Gleich-Behandlung zur gelebten Ungleich-Behandlung? Was gilt für Männer in Kitas? Diese und andere Aspekte gilt es in Zukunft aufzuarbeiten.

c) Der Kooperationsauftrag

Eine weitere zentrale Aufgabe von Kindertageseinrichtungen ist die Kooperation mit anderen kindbezogenen Institutionen im Sozialraum, auch unter dem Stichwort „sozialräumliche Orientierung“ oder schlicht „Vernetzung“ bekannt. Dazu heißt es in § 22a Absatz 2:

„Die Träger der öffentlichen Jugendhilfe sollen sicherstellen, dass die Fachkräfte in ihren Einrichtungen zusammenarbeiten
1. mit den Erziehungsberechtigten und Tagespflegepersonen zum Wohl der Kinder und zur Sicherung der Kontinuität des Erziehungsprozesses,
2. mit anderen kinder- und familienbezogenen Institutionen und Initiativen im Gemeinwesen, insbesondere solchen der Familienbildung und -beratung,
3. mit den Schulen, um den Kindern einen guten Übergang in die Schule zu sichern und um die Arbeit mit Schulkindern in Horten und altersgemischten Gruppen zu unterstützen.
Die Erziehungsberechtigten sind an den Entscheidungen in wesentlichen Angelegenheiten der Erziehung, Bildung und Betreuung zu beteiligen.“

Vernetzung konkret – was können Sie tun?

Wie sollten Sie Ihr Netz knüpfen? Je enger, desto besser. Über die im Gesetz angesprochenen Kooperationspartner hinaus kann ein aufmerksamer Blick in das Umfeld Ihrer Kita je nach konkretem Projekt eine lange Reihe geeigneter Vernetzungspartner ergeben. Da sind zum einen Personen, die im weiteren Sinne Anteil an der Jugendhilfearbeit in Ihrer Gemeinde nehmen, wie beispielsweise Großeltern, Turnvereine, Musiklehrer, Umweltpädagogen, Museen etc. Auch Angehörige der Heilberufe wie Ergotherapeuten, Logopäden, Ärzte, Hebammen etc. können Maschen Ihres Netzwerkes werden. Wieder andere verfügen über finanzielle Mittel. Diese können Sie mit einem Fundraising als Sponsoren für Kindergartenprojekte gewinnen und im Gegenzug dafür sorgen, dass sie positiv in der Presse erwähnt werden: ortsansässige Firmen, Banken, Versicherungen, Finanzdienstleister, Makler etc. Auch ortsansässige Handwerker, Restaurants, Bäckereien etc. spenden gern einmal ihre Arbeitskraft oder Lebensmittel für einzelne Projekte.

Gesetzlich vorgegeben: Vernetzung mit verschiedensten Kooperationspartnern

Praxisbeispiel

Der Kindergarten „Kindernest", der in freigemeinnütziger Trägerschaft steht, möchte sein ökologisches Konzept weiter ausbauen und sich zur Kneipp®-Kita weiter qualifizieren. Neben einer Sauna, mehreren Kneipp-Becken und einer Kräutergartenanlage ist auch ein Barfußpfad geplant, um den Kindern gesundes Leben nach Pfarrer Kneipp nahezubringen. Leiterin Karen B. macht sich schon seit einiger Zeit Gedanken, wer als Sponsor für die Kosten von ca. 15.000 Euro in Betracht kommen könnte. Neben dem örtlichen Bio-Supermarkt, der die Kita schon seit Jahren beliefert, fällt ihr noch ein Hersteller von Gesundheitsschuhen sowie ein nahes Gesundheitszentrum ein. Aber wie soll sie die Leute ansprechen und muss sie überhaupt alles allein machen? Nach einem Brainstorming mit Eltern und Kindern nutzt das „Vogelnest" sein Netzwerk:

- Neben den drei schon genannten Firmen können noch die örtliche Apotheke, eine Physiotherapeutin sowie ein Heilpraktiker als Sponsoren gewonnen werden. Diese haben auch etwas davon, denn sie können auf ihren Homepages mit ihrem Engagement werben.
- Die örtliche Presse berichtet lebhaft über das Vorhaben und das bereits Geleistete und erwähnt die Sponsoren regelmäßig.
- Die Sparkasse lädt zu einem Ausflug in den Botanischen Garten ein.
- Ein Umweltpädagoge wird die Kinder dabei begleiten und ihnen ehrenamtlich die Pflanzen näherbringen.
- Der Kneipp-Verein der Nachbarstadt bildet die Erzieherinnen kostenlos fort.
- Etliche ortsansässige Handwerker helfen bei der Anlage der Kneipp-Becken.
- Zur Einweihung spendiert die örtliche Bäckerei „Fitnesssemmeln mit Kneipp-Kräutern".
- Tims Vater, ein Werbegrafiker, entwirft die Plakate für die Einweihungsfeier.
- Das Gartencenter stiftet die Pflanzen für den Kräutergarten.
- Lisas Großmutter sagt zu, die Pflanzen während der Schließzeiten zu pflegen.

Die einzelnen Kooperationspartner sind

- Erziehungsberechtigte nach § 22a Absatz 2 Satz 1 Nr. 1, 1. Alternative
- Tagespflegepersonen nach § 22a Absatz 2 Satz 1 Nr. 1, 2. Alternative
- Kinder- und familienbezogene Institutionen im Gemeinwesen nach § 22a Absatz 2 Satz 1 Nr. 2
- Schulen nach § 22a Absatz 2 Satz 1 Nr. 3

6. Die Überprüfung der persönlichen Eignung

Mit dem Gesetz zur Weiterentwicklung der Kinder- und Jugendhilfe (KICK) vom 1. Oktober 2005 ist auch die Norm zur persönlichen Eignung nach § 72a SGB VIII in Kraft getreten. Damit hat der Gesetzgeber auf die lange schon empirisch belegte Beobachtung reagiert, dass Pädophile bevorzugt, bewusst und zielgerichtet Tätigkeitsfelder suchen, in denen sie leicht Zugang zu Kindern und Jugendlichen erhalten. Im genauen Wortlaut heißt es dort unter der Überschrift „Tätigkeitsausschluss einschlägig vorbestrafter Personen“:

„(1) Die Träger der öffentlichen Jugendhilfe dürfen für die Wahrnehmung der Aufgaben in der Kinder- und Jugendhilfe keine Person beschäftigen oder vermitteln, die rechtskräftig wegen einer Straftat nach den §§ 171, 174 bis 174c, 176 bis 180a, 181a, 182 bis 184f, 225, 232 bis 233a, 234, 235 oder 236 des Strafgesetzbuchs verurteilt worden ist. Zu diesem Zweck sollen sie sich bei der Einstellung oder Vermittlung und in regelmäßigen Abständen von den betroffenen Personen ein Führungszeugnis nach § 30 Absatz 5 und § 30a Absatz 1 des Bundeszentralregistergesetzes vorlegen lassen.

(2) Die Träger der öffentlichen Jugendhilfe sollen durch Vereinbarungen mit den Trägern der freien Jugendhilfe sicherstellen, dass diese keine Person, die wegen einer Straftat nach Absatz 1 Satz 1 rechtskräftig verurteilt worden ist, beschäftigen.“

Nach dieser Norm ist von der Tätigkeit in einer Kindertageseinrichtung ausgeschlossen, wer wegen Verletzung der Fürsorge- und Erziehungspflicht (§ 171 StGB), Straftaten gegen die sexuelle Selbstbestimmung (§§ 174, 174a bis c, 176 bis 184e StGB) oder wegen Misshandlung von Schutzbefohlenen (§ 225 StGB) rechtskräftig verurteilt wurde.
Aus diesem Grund verlangen Träger bei jeder Neueinstellung, zunehmend jedoch nun auch bei Altverträgen, die Vorlage eines sogenannten erweiterten Führungszeugnisses nach § 30a Bundeszentralregistergesetz (BZRG), das eben diese Verurteilungen ausweist.

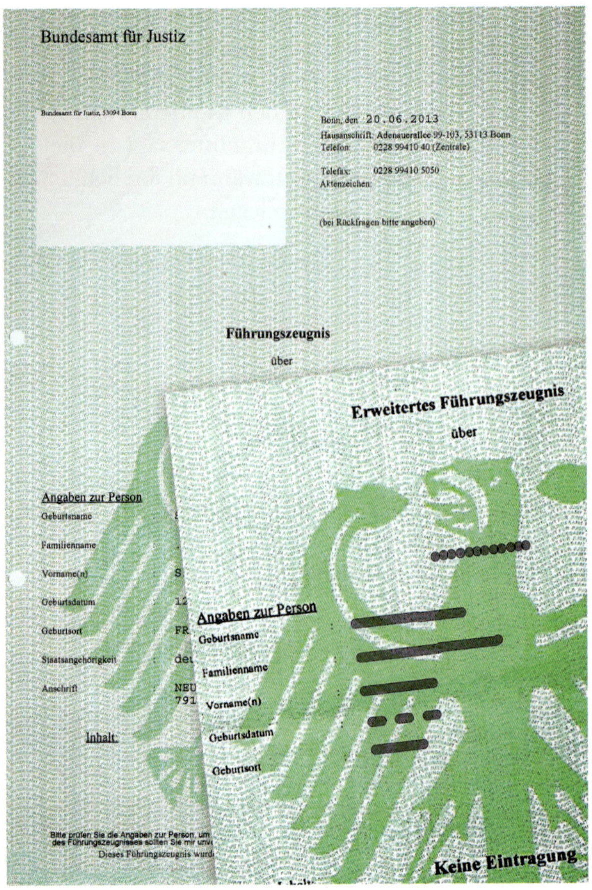

Das erweiterte Führungszeugnis: Pflicht für den Umgang mit Kindern

Praxisbeispiel
Gisa U., Leiterin der Kita „Pusteblume“, findet heute einen Brief vom Träger der Einrichtung, einer freigemeinnützigen Organisation, in der Post vor. Von nun an, so heißt es dort, sei bei Neueinstellungen unbedingt darauf hinzuweisen, dass die Bewerber ein „erweitertes Führungszeugnis“ vorzulegen hätten. Außerdem solle sie, Gisa U., darauf hinwirken, dass sämtliche Reinigungskräfte und Hausmeister sowie alle ehrenamtlich in der Einrichtung Tätigen ein solches Führungszeugnis binnen sechs Wochen vorweisen.

Wer fällt unter den § 72a?
Zu beachten ist: Nicht nur hauptamtlich Tätige unterfallen der Norm. Nach deren Wortlaut unterliegen vielmehr „alle Beschäftigten“ einer Kindertagesstätte dem Erfordernis. Das bedeutet: Ein erweitertes Führungszeugnis muss in Zukunft jeder vorlegen, der

Antrag auf Ausstellung eines erweiterten Führungszeugnisses

Hiermit bestätigen wir Frau/Herrn ________________________________,

dass sie/er seit dem ____________________ als

____ in der

(Berufsbezeichnung/Ehrenamt)

Kindertageseinrichtung ______________________________

beschäftigt ist.

Aufgrund der damit verbundenen Tätigkeiten sind die Voraussetzungen des § 30a Absatz 1 Nr. 2 BZRG erfüllt.

Wir ersuchen Sie daher, Frau/Herrn ______________________________

ein erweitertes Führungszeugnis gemäß § 30a BZRG auszustellen.

Mit freundlichen Grüßen

____

- in einer Kindertagestätte beschäftigt ist und außerdem
- der Weisungsbefugnis des Trägers der Einrichtung unterliegt.

Auch Hausmeister, Küchen- und Reinigungskräfte sowie ehrenamtlich Tätige haben demnach ein erweitertes Führungszeugnis vorzulegen, wenn sie im Rahmen ihrer Tätigkeit in Kontakt mit den Kindern der Einrichtung kommen. Dies ist dann nicht der Fall, wenn ihre Arbeitszeiten außerhalb der Betreuungszeiten liegen, was in der Regel für Hausmeister und Reinigungskräfte zutrifft.
Bei ehrenamtlich Tätigen gilt es zu unterscheiden: Die Kindergartenverwalterin, also die Person, die die Einrichtung ehrenamtlich oder entgeltlich verwaltet und die den weitaus überwiegenden Anteil ihrer umfangreichen Arbeit außerhalb der Einrichtung verrichtet, benötigt kein erweitertes Führungszeugnis. Der Rentner hingegen, der regelmäßig mit den Kindern eine Märchenstunde abhält, jedoch unbedingt.
Außerdem muss ein Therapeut oder eine Therapeutin (Ergotherapie, Logopädie etc.), der/die in der Einrichtung praktiziert, ein solches Führungszeugnis vorlegen. Dasselbe gilt für das Hauswirtschaftspersonal und Praktikanten (Berufspraktikanten, Vorpraktikanten etc.). Als Richtschnur kann gelten: Wer selbstständig und (auch nur zeitweise) allein, also ohne direkte Aufsicht einer hauptamtlichen Kraft, in Ihrer Einrichtung Kinder betreut oder beaufsichtigt, muss Ihnen ein erweitertes Führungszeugnis vorlegen.

Der Antrag

Das Stellen des Antrags richtet sich nach dem ebenfalls neu geschaffenen § 30a Bundeszentralregistergesetz (BZRG). Dieser bestimmt in seinem 1. Absatz, dass einer Person auf Antrag ein erweitertes Führungszeugnis erteilt wird,

„1. wenn die Erteilung in gesetzlichen Bestimmungen unter Bezugnahme auf diese Vorschrift vorgesehen ist oder
2. wenn dieses Führungszeugnis benötigt wird für
   a) die Prüfung der persönlichen Eignung nach § 72a des Achten Buches Sozialgesetzbuch – Kinder- und Jugendhilfe –,
   b) eine sonstige berufliche oder ehrenamtliche Beaufsichtigung, Betreuung, Erziehung oder Ausbildung Minderjähriger oder
   c) eine Tätigkeit, die in einer Buchstabe b vergleichbaren Weise geeignet ist, Kontakt zu Minderjährigen aufzunehmen."

Absatz 2 stellt klar, dass derjenige, der einen Antrag auf Erteilung eines erweiterten Führungszeugnisses stellt, eine schriftliche Aufforderung vorzulegen hat, in der die Person, die das erweiterte Führungszeugnis vom Antragsteller verlangt, bestätigt, dass diese Voraussetzungen nach Absatz 1 vorliegen. Der Träger einer Einrichtung muss also eine schriftliche Bestätigung ausstellen, der zufolge der Antragsteller dem betroffenen Personenkreis nach Absatz 1 angehört. Einen Formulierungsvorschlag hierzu finden Sie auf Seite 31.

Der Empfänger

§ 30 V BZRG bestimmt, dass ein Führungszeugnis, das zur Vorlage bei einer Behörde beantragt wird, dieser Behörde unmittelbar zu übersenden ist. Zu beachten ist hier aber, dass weder der Träger einer Tageseinrichtung noch eine Kindertageseinrichtung selbst als „Behörde" im Sinne dieses Gesetzes gelten, sodass das – einfache wie erweiterte – Führungszeugnis zunächst und ausschließlich dem Antragsteller selbst zu übersenden ist.

Praxisbeispiel

Lea K. erhält heute Post von ihrem zukünftigen Arbeitgeber. T., der Träger der Kita „Wilde Kerle", bei der sie zukünftig als Ergänzungskraft tätig sein wird, übersendet ihr den oben abgedruckten, von ihm ausgefüllten Antrag mit der Bitte, ihm möglichst umgehend ein erweitertes Führungszeugnis einzureichen. Lea K. macht sich sogleich auf dem Weg zu ihrer Kommunalverwaltung und stellt dort unter Vorlage des Formulars den Antrag auf Erstellung eines erweiterten Führungszeugnisses. Nach zwei Wochen wird es ihr per Post zugestellt. Sie reicht es nun bei ihrem zukünftigen Arbeitgeber ein.

Alle Jahre wieder?

Das vorgelegte Führungszeugnis muss aktuell, das heißt nicht älter als sechs Monate sein. Allgemein anerkannt ist auch, dass der Träger während der Beschäftigung in regelmäßigen Abständen ein neues erweitertes Führungszeugnis verlangen kann. Nach derzeit wohl herrschender Auffassung wird ein Zeitraum von fünf Jahren als ausreichend und zumutbar angesehen. Dieser ist allerdings nicht gesetzlich festgeschrieben und kann in Zukunft auch enger gefasst werden.

Was geschieht mit dem Führungszeugnis?

Vorlage bedeutet zunächst einmal nicht Archivierung. Streng genommen genügt es den gesetzlichen Anforderungen, wenn das Führungszeugnis vorgelegt wird und dies in der Personalakte mit Datum und Unterschrift dokumentiert wird. Wird das Führungszeugnis jedoch zu den Personalakten genommen, hat der Betroffene das Recht, Eintragungen, die nicht relevante Straftaten betreffen, zu schwärzen. Anderenfalls liegt aufseiten des Trägers eine verbotene Datenspeicherung vor.

7. Die Finanzierung der Einrichtung

Sollten Sie sich je gefragt haben, an welcher Stelle festgeschrieben ist, woher das Geld für Ihre Einrichtung kommt, dann gelten auch hier die Landesgesetze als Ausführungsgesetze des SGB VIII, denn § 74a SGB VIII bestimmt:

„Die Finanzierung von Tageseinrichtungen regelt das Landesrecht."

Auch Art und Höhe der Kostenerstattung durch den öffentlichen Träger der Jugendhilfe ist nicht vorgegeben. Vielmehr heißt es in § 74 Absatz 3 SGB VIII:

„Über die Art und Höhe der Förderung entscheidet der Träger der öffentlichen Jugendhilfe im Rahmen der verfügbaren Haushaltsmittel nach pflichtgemäßem Ermessen."

Werden Einrichtungen und Dienste freier Träger in Anspruch genommen, bestimmt § 77 SGB VIII, „sind Vereinbarungen über die Höhe der Kosten der Inanspruchnahme zwischen der öffentlichen und der freien Jugendhilfe anzustreben. Das Nähere regelt das Landesrecht."

Diese Vereinbarungen sind nach dem Grundsatz des partnerschaftlichen Aushandlungsprozesses gemäß dem SGB VIII zu treffen. Auf Kindergarten- bzw. Tagespflegeplatz sowie Hilfen zur Erziehung hat der Leistungsberechtigte einen Rechtsanspruch. Werden diese Leistungen von fachlich anerkannten freien Trägern erbracht, hat das Jugendamt mit ihnen partnerschaftlich zusammenzuarbeiten (§ 4 SGB VIII). Da jedoch prinzipiell die öffentlichen Träger für eine Grundsicherung des Leistungsangebotes verantwortlich sind, muss die Finanzierung über eine bloße Subvention oder Förderung des freien Trägers nach allgemein anerkannter Rechtsauffassung hinausgehen, vielmehr eine echte Bezuschussung darstellen. Zwei Formen der Bezuschussung werden unterschieden:

- Objektbezogene Förderung: Der Einrichtungsträger erhält die Zuschüsse pro genehmigten Platz bzw. pro Gruppe
- Subjektbezogene Förderung: Der Anspruchsinhaber wird mit den notwendigen Mitteln ausgestattet, um die Leistung am Markt nachfragen zu können, wobei die Förderung auf die Bedürfnisse und die Finanzkraft des Inhabers zugeschnitten werden kann (zum Beispiel Berlin und Hamburg mit Gutscheinsystemen, Bayern mit kindbezogener Förderung).

In der Praxis sind auch Mischformen möglich. So fördert Hessen zum einen für Kinder von drei Jahren bis zum Schuleintritt jeden genehmigten Platz und zusätzlich pauschal die Ganztagsbetreuung (Objektförderung), zum anderen ist dort aber für die unter Dreijährigen die kindbezogene Förderung (Subjektförderung) normiert.
Des Weiteren sind die öffentlichen Träger verpflichtet, bei der Verteilung der Fördermittel die öffentlichen, die gemeinnützigen und die privat-gewerblichen Kindergärten gleich zu behandeln. Dies gilt insbesondere dann, wenn ein Kindergarten in die Bedarfsplanung des jeweiligen öffentlichen Jugendhilfeträgers aufgenommen wurde und nur durch die Berücksichtigung des entsprechenden Kindergartens der Bedarf überhaupt gedeckt werden kann, der öffentliche Jugendhilfeträger also nur mit diesem Kindergarten seiner Pflicht zur Bereitstellung eines Kindergartenplatzes nachkommt.
Der VGH Kassel hat darüber hinaus entschieden, dass der öffentliche Jugendhilfeträger „Geld zu haben hat“: Für die Jugendhilfe müssen grundsätzlich Mittel in einer Höhe im Haushaltsplan zur Verfügung stehen, die den öffentlichen Jugendhilfeträger in die Lage versetzen, seiner Gesamtverantwortung aus § 79 SGB VIII für die Kinder- und Jugendhilfe gerecht zu werden (VGH Kassel, Urt. vom 6.9.2005, Az. 10 UE 3025/04).
Die freien Träger wiederum müssen eine „angemessene Eigenleistung“ erbringen, bei deren Bemessung die unterschiedliche Finanzkraft und die sonstigen Verhältnisse zu berücksichtigen sind (§ 74 Absatz 1 Nr. 4, Absatz 3 Satz 3 SGB VIII). So ist bei einem kirchlichen Träger eine andere Eigenleistung als „angemessen“ zu bewerten als beispielsweise bei einer Elterninitiative oder einem Betriebskindergarten. Das Nähere regelt regelmäßig Landesrecht.
Die Einnahmen einer Kindertageseinrichtung setzen sich daher zusammen aus:

Kommune, Träger und Eltern finanzieren die Einrichtung

- kommunaler Förderung (anteilig refinanziert durch Landeszuschüsse),
- Eigenanteile des Trägers,
- Elternbeiträge.

Elternbeiträge finden ihre Rechtsgrundlage in § 90 SGB VIII und ihre Rechtfertigung in § 10 SGB VIII. In § 10 Absatz 2 Satz 1 SGB VIII heißt es explizit:

„Unterhaltspflichtige Personen werden nach Maßgabe der §§ 90 bis 97b an den Kosten für Leistungen und vorläufige Maßnahmen nach diesem Buch beteiligt.“

Denn da Jugendhilfe von Gesetzes wegen immer nachrangig ist, müssen Eltern entsprechend ihrer wirtschaftlichen Leistungsfähigkeit monatliche Beiträge leisten. § 90 SGB VIII regelt das Nähere.

Das Leitungsheft kompakt:
So bilden Sie Praktikantinnen qualifiziert aus

Auf übersichtliche Weise zusammengestellt finden Sie in diesem Heft alles, was Leitungs- und Fachkräfte zum Thema „Praktikantinnen ausbilden“ wissen müssen. In den verschiedenen Beiträgen werden die neuesten Entwicklungen im Bereich der Ausbildung behandelt, vor allem aber auch Anregungen für eine professionelle Praxisbegleitung gegeben.

Best.-Nr.: 4003075; € 9,95

Das vorliegende Heft bündelt die Beiträge zur Thematik, die zwischen 2009 und 2012 im „Leitungsheft“ und zwei Sonderheften erschienen sind, ergänzt um einen exklusiven neuen Beitrag über die aktuellen Entwicklungen in der Erzieherinnenausbildung. Die Themen der einzelnen Beiträge lauten:

- **Neue Entwicklungen in der Ausbildung pädagogischer Fachkräfte**
- **Die Kita als Ausbildungsort**
- **Praktikantinnen qualifiziert ausbilden** (In 2 Teilen: Eine Steuerungs- und Leitungsaufgabe / Vom Eingangsgespräch bis zur Beurteilung)
- **Praktikantinnen in der Einrichtung – rechtliche Aspekte**
- **Beurteilungsraster für Praktikantinnen im Anerkennungsjahr**

Auf vielfachen Wunsch aus der Praxis – jetzt erhältlich!

Bestellen Sie einfach mit der Karte in der Heftmitte! Oder:

per Telefon: (+49) 0761 / 2717 474
per Fax: (+49) 0761 / 2717 360
per E-Mail: kundenservice@herdershop24.de
www.herdershop24.de (ohne Versandkosten!)

Weitere Infos unter:
www.leitungsheft.de

II. SGB I bis XII: Die für die Kita relevanten Normen

1. SGB I: Allgemeiner Teil

Hier finden sich alle Vorschriften, die für die gesamte Sozialgesetzgebung gelten und der besseren Übersichtlichkeit wegen vorangestellt wurden. Das bedeutet für Sie: Dieses Buch ist genauso wichtig wie das SGB VIII. Im Zweifel finden Sie hier die Normen, die Sie suchen, aber im SGB VIII nicht finden können. Die wichtigsten, für Sie relevanten Vorschriften des SGB I sind die folgenden.

Kinder- und Jugendhilfe nach § 8
Die Norm § 8 SGB I formuliert einen Rechtsanspruch hinsichtlich des gesamten Sozialgesetzbuches I–XII:

„Junge Menschen und Personensorgeberechtigte haben im Rahmen dieses Gesetzbuches ein Recht, Leistungen der öffentlichen Jugendhilfe in Anspruch zu nemen."

Gemeint ist hiermit das Sozialgesetzbuch als Ganzes, also die Bücher I–XII.

Leistungen der gesetzlichen Unfallversicherung nach § 22
Nach dieser Norm können Sie nach dem Recht der gesetzlichen Unfallversicherung (SGB V) von den Berufsgenossenschaften bzw. der Gesetzlichen Unfallkasse folgende Leistungen in Anspruch nehmen:

- Maßnahmen zur Verhütung von Arbeitsunfällen, Berufskrankheiten und arbeitsbedingten Gesundheitsgefahren (Fortbildungen, Erste-Hilfe-Kurse etc.)
- Maßnahmen zur Ersten Hilfe
- Maßnahmen zur Früherkennung von Berufskrankheiten und arbeitsbedingten Gesundheitsgefahren

Personensorgeberechtigte und Erziehungsberechtigte: Der Unterschied

Das Sozialgesetzbuch spricht an manchen Stellen von Erziehungsberechtigten, an anderen von Personensorgeberechtigten.

Personensorgeberechtigt ist, wem allein oder gemeinsam mit einer anderen Person nach den Vorschriften des Bürgerlichen Gesetzbuches (BGB) die Personensorge zusteht. Das sind die natürlichen Eltern, die Adoptiveltern (§§ 1741 ff. BGB) und der Vormund (§§ 1773 ff. BGB). Sie alle üben die Personensorge nach den §§ 1626 ff. BGB aus. Das bedeutet: In dem Umfange, in dem ihnen die Personensorge nach § 1666 BGB entzogen wurde, sind selbst die natürlichen Eltern nicht personensorgeberechtigt. Vielmehr ist die Personensorge dann gemäß § 1909 BGB auf den Ergänzungspfleger übergegangen. Es ist auch denkbar – und sogar die Regel –, dass Eltern nur in Teilbereichen die Personensorge entzogen wird. Für diese Bereiche wird dann ein Ergänzungspfleger bestellt, der in seinem Wirkungskreis rechtlich neben die Eltern tritt, die von diesem Wirkungskreis ausgeschlossen sind.

Erziehungsberechtigte sind die Personensorgeberechtigten, die das Sorgerecht gemeinschaftlich (§ 1627 BGB) oder allein (§§ 1680, 1681, 1671 BGB) ausüben. Es handelt sich um Personen, die mit einer gewissen Dauer und aufgrund einer Vereinbarung mit dem Personensorgeberechtigten die gesamte Personensorge für das Kind wahrnehmen. Eine solche notwendige Vereinbarung kann auch stillschweigend geschlossen werden, wie dies beispielsweise bei im Haushalt mit dem Kind lebenden Verwandten oder für den Lebenspartner des Elternteils der Fall ist.

- Heilbehandlung
- Leistungen zur Teilhabe am Arbeitsleben (Eingliederungshilfe, Betriebliches Eingliederungsmanagement (BEM))
- Leistungen zur Erhaltung, Besserung und Wiederherstellung der Erwerbsfähigkeit sowie zur Erleichterung der Verletzungsfolgen einschließlich wirtschaftlicher Hilfen
- Renten wegen Minderung der Erwerbsfähigkeit
- etc.

Leistungen der Kinder- und Jugendhilfe nach § 27 Absatz 1

Dieser Paragraf schreibt fest, welche Leistungen der Kinder- und Jugendhilfe von den Kreisen und kreisfreien Städten in Anspruch genommen werden können:

- Angebote der Jugendarbeit, der Jugendsozialarbeit und des erzieherischen Jugendschutzes
- Angebote zur Förderung der Erziehung in der Familie
- Angebote zur Förderung von Kindern in Tageseinrichtungen (Krippenplatz, Kita-Platz, Hort-Platz) und in Tagespflege
- Hilfe zur Erziehung, Eingliederungshilfe für seelisch behinderte Kinder und Jugendliche sowie Hilfen für junge Volljährige

Sozialdatenschutz nach § 35

Über die Regelungen des Bundesdatenschutzgesetzes hinaus, das Daten allgemein vor Missbrauch schützt, besteht im Sozialrecht ein besonderer verschärfter Schutz von Sozialdaten, der sogenannte Sozialdatenschutz. Nach § 35 Absatz 1 SGB I unterliegen ihm alle Träger, die auch Sozialleistungsträger sind, also beispielsweise Unfallkassen, Rentenversicherungsträger, Krankenversicherungsträger und Jugendämter. Freie Träger (Wohlfahrtsverbände, Kirchen etc.) sind keine Sozialleistungsträger nach Sozialgesetzbuch, bei ihnen wird der Sozialdatenschutz als Element des Arbeitsvertrages jeweils im Einzelfall vereinbart. Denn das grundrechtlich geschützte Interesse der Kinder und ihrer Eltern daran, dass ihre persönlichen Daten nicht zweckentfremdet werden, ist unter allen Umständen zu wahren. Der Datenschutz ist durch das in Art. 2 Absatz 1 in Verbindung mit Art. 1 Absatz 1 Grundgesetz festgeschriebene Grundrecht auf informationelle Selbstbestimmung verfassungsrechtlich garantiert. Danach hat jeder Mensch das Recht, grundsätzlich selbst über die Offenbarung und Verwendung seiner persönlichen Daten bestimmen zu können. Einschränkungen dieses Rechts sind nur im überwiegenden Allgemeininte-

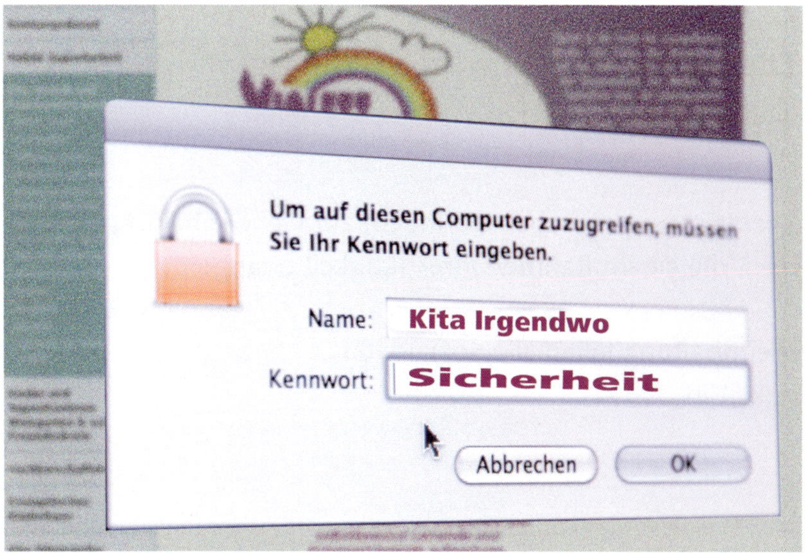

Kein Zugriff für unbefugte Dritte

resse zulässig und bedürfen dann einer gesetzlichen Grundlage wie dem Bundesdatenschutzgesetz sowie den Datenschutzgesetzen der Länder.

Transparenz ist Pflicht

Eltern müssen ohne jede Einschränkung wissen, wann sie welche Daten zu welchem Zweck preisgeben. Sie haben außerdem ein Interesse daran, dass Unbefugte daraus keinen Nutzen ziehen können. Der vom Bundesverfassungsgericht hierzu aufgestellte Grundsatz heißt: „Jeder muss wissen können, wer was wann und bei welcher Gelegenheit über ihn weiß“ (BVerfGE 65,1 (43) = NJW 1984, 419). Außerdem hat das Bundesverfassungsgericht in diesem als „Volkszählungsurteil“ bekannt gewordenen Urteil vier Grundsätze entwickelt, die Sie stets beachten müssen, wenn Sie mit Daten umgehen:

- Grundsatz der Ersterhebung: Sozialdaten sind immer beim Betroffenen zu erheben, Ausnahmen hiervon nur mit Einwilligung oder ausdrücklicher Erlaubnis des Gesetzes.
- Daten dürfen nur erhoben werden, wenn dies für die konkrete Aufgabenerfüllung erforderlich ist.
- Zweckbindungsprinzip: Daten dürfen nur zu dem Zweck verwendet werden, zu dem sie erhoben wurden. Eine anderweitige Verwendung bedarf der Einwilligung oder einer ausdrücklichen gesetzlichen Grundlage.
- Transparenzgebot: Der konkrete Umgang mit den Informationen ist für den Betroffenen nachvollziehbar. Wenn Einwilligungen eingeholt werden, müssen diese sich auf klar erkennbare Situationen beziehen.

Nach § 35 Absatz 2 SGB I ist die Erhebung, Verarbeitung, Nutzung von Daten nur nach dem 2. Kapitel des SGB X zulässig. Unter SGB X daher dazu mehr (siehe Seite 46 ff.).

Die korrekte Datenpflege

§ 35 Absatz 1 Satz 2 SGB I bestimmt ausdrücklich die Verpflichtung, auch innerhalb des Leistungsträgers sicherzustellen, dass die Sozialdaten nur Befugten zugänglich sind oder nur an diese weitergegeben werden. Für Kindertageseinrichtungen bedeutet das: Die Daten sind stets so zu sichern, dass unbefugte Dritte wie zum Beispiel andere Eltern oder das Reinigungspersonal keinen Zugriff darauf haben.

Praxisbeispiel

Für heute Abend hat der Elternbeirat der Kita „Wundertüte“ eine Sitzung einberufen. Traditionell wird Leiterin Nina K. hierfür dem Beirat ihr Büro überlassen, denn die beengten Platzverhältnisse in der Einrichtung erlauben es nicht, einen Besprechungsraum vorzuhalten. Bevor Nina K. in den Feierabend startet, fährt sie ihren PC, der mit Passwort gesichert ist, herunter und deponiert sämtliche Unterlagen, die sich auf ihrem Schreibtisch befinden, in die Aktenschränke, die sie sorgfältig absperrt.

Finden beispielsweise Elternbeiratssitzungen im Büro der Leitung statt, ist hiergegen nichts einzuwenden, solange die Akten in Aktenschränken verschlossen aufbewahrt werden. Daten im PC der Einrichtung sind durch Passwörter zu sichern. Generell empfiehlt es sich jedoch, das Leitungsbüro nur der Leiterin und ihrer Stellvertreterin zugänglich zu machen. Doch auch in diesem Fall müssen Sie die Akten verschlossen aufbewahren, um zu verhindern, dass beispielsweise das Reinigungspersonal Einsicht nehmen kann. Auch müssen Sie sicherstellen, dass Telefonate, in denen personenbezogene Daten zur Sprache kommen, nicht von Unbefugten – beispielsweise einer hospitierenden Mutter – mitgehört werden können.
Das pädagogische Personal der Einrichtung kann durch Dienstanweisungen und Fortbildungen zum

Erklärung mitarbeitender Eltern/Praktikantinnen zur Wahrung des Sozial- und Betriebsgeheimnisses

Alle Mitarbeiter von Kindertageseinrichtungen haben die Pflicht zur Geheimhaltung von Sozial- und Betriebsgeheimnissen, die sie im Rahmen ihrer Tätigkeit erlangen.

Unter die Verpflichtung zur Geheimhaltung fallen alle Sozialdaten,
die mir im Rahmen meiner Tätigkeit in

____

Name der Kindertageseinrichtung

über andere Kinder und deren Familien zur Kenntnis gelangen sowie alle nicht offenkundigen Betriebs- und Geschäftsdaten, die ich über die Kindertageseinrichtung und ihren Träger erfahren habe.

Die Pflicht zur Geheimhaltung gilt auch nach Beendigung
meiner Tätigkeit.

Hierüber wurde ich heute belehrt und habe die Belehrung verstanden.

____

Ort, Datum

____

Unterschrift des mitarbeitenden Elternteils/der Praktikantin

Thema Datenschutz unterwiesen werden. Lediglich teilweise eingebundene „Mitarbeiter" wie Praktikantinnen und mitarbeitende Eltern sind zu Beginn ihrer Tätigkeit eindringlich auf ihre Pflicht zur Wahrung des Sozialgeheimnisses hinzuweisen und müssen eine entsprechende Erklärung unterschreiben (siehe Musterformular S. 38).

Zur ordnungsgemäßen Pflege der Daten Ihrer Einrichtung gehört auch die rechtzeitige Löschung, sobald sich ihr Zweck erfüllt hat. Verlässt ein Kind die Einrichtung endgültig, sind seine Daten zu löschen. Dies kann entweder dadurch geschehen, dass sie vernichtet oder an die Eltern herausgegeben werden.

2. SGB II: Grundsicherung für Arbeitssuchende

Haben Sie Kinder in Ihrer Einrichtung, deren Eltern arbeitssuchend gemeldet sind, dann sollten Sie wissen, wie die Kinderbetreuungskosten anzusetzen sind und welche Mehrbedarfe (festgelegter Anteil in Prozent vom Regelsatz) gewährt werden. Das SGB II ist ebenfalls wichtig für Sie, wenn Sie 1-Euro-Kräfte in Ihrer Einrichtung beschäftigen. Zusatzjobs dürfen keine regulären Beschäftigungsverhältnisse verdrängen oder die Einrichtung neuer Arbeitsstellen verhindern. Die für Sie wichtigsten Vorschriften des SGB II sind die folgenden.

Erstattung der Betreuungskosten nach § 16a Nr. 1

Das SGB II ist für die Kosten von Kinderbetreuung zuständig, wenn sie aufgebracht werden müssen, um überhaupt Einkommen erzielen zu können. Nach der Sondervorschrift des § 16a Nr. 1 SGB II können zur „Verwirklichung einer ganzheitlichen und umfassenden Betreuung und Unterstützung bei der Eingliederung in Arbeit" die Kosten der Betreuung minderjähriger oder behinderter Kinder erstattet werden. Das bedeutet im Klartext: Damit beispielsweise eine arbeitslose alleinerziehende Mutter überhaupt wieder arbeiten gehen kann, benötigt sie erst einmal einen Betreuungsplatz für ihr minderjähriges oder behindertes Kind. Die Kosten für diesen Platz werden ihr erstattet, wenn die Agentur für Arbeit zu dem Ergebnis kommt, dass die Mutter nur durch Inanspruchnahme eines Betreuungsplatzes wieder am Arbeitsleben teilnehmen kann. Mit Urteil vom 15.4.2008 hat das Sozialgericht Karlsruhe darüber hinaus sogar entschieden, dass eine Eingliederung in Arbeit nicht nur dann notwendig ist, wenn der Hilfebedürftige arbeitslos im Sinne des SGB III ist, sondern auch, wenn er seinen Arbeitsplatz erhalten oder seine Arbeitszeit erhöhen will und damit seine Hilfebedürftigkeit reduziert (SG Karlsruhe, Urteil vom 15.4.2008, Aktenzeichen S 7 AS 892/06). Das bedeutet: Auch wer bereits einen Arbeitsplatz hat, hat unter Umständen Anspruch auf Erstattung der Kinderbetreuungskosten nach § 16a Nr. 1 SGB II.

Arbeitsgelegenheiten nach § 16d

Diese Norm ist wichtig für Sie, wenn Sie 1-Euro-Jobber in Ihrer Einrichtung beschäftigen. Von der öffentlichen Hand bezuschusst werden diese Jobs nur dann, wenn die in ihnen verrichteten Arbeiten

- zusätzlich sind,
- im öffentlichen Interesse liegen,
- wettbewerbsneutral sind.

Die Förderung von 1-Euro-Jobs ist damit stark an die Begriffe „Zusätzlichkeit" und „öffentliches Interesse" gebunden, denn Zusatzjobs dürfen keine regulären Beschäftigungsverhältnisse verdrängen oder die Einrichtung neuer Arbeitsstellen verhindern. In der Praxis einer Kita stellt der Einsatz von 1-Euro-Jobbern immer dann ein Problem dar, wenn diese in der pädagogischen Arbeit am Kind eingesetzt werden sollen.

Praxisbeispiel

Der Fachkräftemangel ist heute auch in der Kita „Klitzeklein" zu spüren: Die ohnehin enge Personaldecke ist heute besonders angespannt, da zwei Ergänzungskräfte wegen Fortbildung bzw. Krankheit ausgefallen sind. Leiterin Sandra F. setzt daher Gundi P., 1-Euro-Jobberin in der Kita und eigentlich für die Ausgabe der Mittagsverpflegung sowie Reinigungsarbeiten zuständig, in der Sonnengruppe ein. Dort soll sie unter Anleitung von Gruppenleiterin Svea F. die Kinder wickeln und ihnen vorlesen.

Zwar liegt die pädagogische Arbeit am Kind, die Gundi P. im Praxisbeispiel verrichtet, im öffentlichen Interesse, die Tätigkeit ist aber nicht als „zusätzlich" einzustufen, da sie lediglich ausgefallene Personalstunden ersetzen soll. Vielmehr ist ein solcher Einsatz einer

1-Euro-Jobberin geeignet, ein reguläres Beschäftigungsverhältnis einer Ersatzkraft zu verdrängen und daher nicht mehr wettbewerbsneutral. Im Hinblick auf das Erfordernis einer sicheren Bindung an Bezugspersonen ist es darüber hinaus auch nicht wünschenswert, Bildung, Erziehung und Betreuung der Kinder durch Kräfte sicherzustellen, die lediglich einige Monate in der Einrichtung verbringen. Arbeitsgebiete von 1-Euro-Jobbern in Kindertageseinrichtungen sind daher nach einhelliger juristischer Auffassung lediglich im hauswirtschaftlichen, hausmeisterlichen oder gärtnerischen Bereich zu sehen.

Mehrbedarfe nach § 21 Absatz 3 Nr. 1 und 2

Unter Mehrbedarfen versteht man Zusatzleistungen zum Regelsatz des Arbeitslosengeldes. Diese Norm regelt die Mehrbedarfe für Alleinerziehende, und zwar

- in Höhe von 36% mit einem Kind unter sieben Jahren oder zwei oder drei Kindern unter 16 Jahren,
- in Höhe von 12% für jedes Kind, wenn sich hierdurch ein höherer Prozentsatz ergibt, jedoch nicht mehr als 60%.

3. SGB III: Arbeitsförderung/Hartz IV

Kündigen Sie Ihren Arbeitsplatz oder halten Sie die Kündigung Ihres Arbeitgebers in den Händen, sind ab sofort die Bestimmungen dieses Gesetzes einzuhalten. Unbedingt beachten: Dies gilt sofort nach Erhalt einer Kündigung, auch wenn das Arbeitsverhältnis erst Monate später enden sollte. Die für Sie wichtigsten Vorschriften des SGB III sind die folgenden.

Rechte und Pflichten Arbeitssuchender nach § 38

Sie müssen sich unverzüglich (das bedeutet ohne schuldhaftes Zögern und meint nach der Rechtsprechung binnen drei Tagen) nach Kenntniserlangung von drohender Arbeitslosigkeit persönlich – das bestimmt § 141 – bei der für Sie zuständigen Agentur für Arbeit arbeitssuchend melden. Das gilt sogar dann, wenn Sie gegen die Beendigung gerichtlich vorgehen wollen. Ist Ihr Arbeitsverhältnis befristet, läuft also ohne Kündigung aus, ist dieses Gesetz spätestens 3 Monate vor dem Ende des Arbeitsverhältnisses zu beachten.

Praxisbeispiel

Linda P. ist Zweitkraft in der Einrichtung „Die Arche". Sie hat einen befristeten Vertrag für zwölf Monate, der am 31.3.2015 endet. Ende November 2014 geht sie auf Leiterin Melanie D. zu und fragt, wie ihre Aussichten stehen, eine Anschlussbeschäftigung zu erhalten, sie müsse sich sonst bald bei der Arbeitsagentur arbeitssuchend melden, um die 3-Monats-Frist nicht zu versäumen. Melanie D. will sich in dieser Frage aber nicht unter Druck setzen lassen und sich die kommenden vier Monate noch Zeit lassen, um darüber zu entscheiden, inwieweit Linda P. ins Team passt. Sie gibt ihr daher eine ausweichende Antwort.

Linda P. versucht hier, aus ihrer Verpflichtung einen Vorteil zu erlangen und quasi vorab eine Vertragszusage zu erhalten. Diese durchaus gängige Praxis darf aber nicht darüber hinwegtäuschen, dass die Pflicht zur Meldung unabhängig davon besteht, ob der Fortbestand des Arbeitsverhältnisses vom Arbeitgeber in Aussicht gestellt wird (§ 38 Absatz 1 Satz 4). Linda P. sollte sich also in jedem Fall im Dezember 2014 beim für sie zuständigen Arbeitsamt arbeitssuchend ab 1.4.2015 melden.

Minderung der Anspruchsdauer nach § 148 Absatz 1 Nr. 3

Wird die Meldefrist versäumt, wird das Arbeitslosengeld für jeden Tag der verspäteten Meldung gekürzt.

4. SGB IV: Vorschriften Sozialversicherung

Dieses Buch kann für Sie wichtig werden, wenn Sie 450-Euro-Kräfte – beispielsweise als Reinigungspersonal – in Ihrer Einrichtung anstellen oder Mitarbeiter im Rahmen eines Freiwilligen Sozialen Jahres beschäftigen. Die für Sie wichtigsten Vorschriften des SGB IV sind die folgenden.

Minijobs nach § 8

Dieser Paragraf ist die Zentralnorm für alle geringfügigen Beschäftigungsverhältnisse. Er regelt ihre Voraussetzungen und die Frage, inwieweit mehrere geringfügige Beschäftigungsverhältnisse zusammengerechnet werden müssen. Haben Sie zu wenig Personal? Vergeben Sie doch einen Minijob! Mit Mitarbeiterinnen, die in einem

Minijobs überbrücken personelle Engpässe

Minijob in Ihrer Einrichtung arbeiten, können Sie personelle Engpässe optimal überbrücken, beispielsweise

- kurzfristig: bei Krankheit oder Fortbildung einzelner fester Mitarbeiterinnen,
- mittelfristig: bei Auftreten eines neuen Bedarfes, etwa wenn mehr Kinder als erwartet über Mittag bleiben,
- langfristig: bei Zusatzangeboten wie Fremdsprachen, Yoga, Psychomotorik etc.

Die monatliche Höchstgrenze bei geringfügig entlohnten Beschäftigungen beträgt 450 Euro. Für die Mitarbeiterin ist das Einkommen steuer- und sozialversicherungsfrei. Die Einrichtung übernimmt die Steuer und die Sozialabgaben, die arbeitgeberfreundlich pauschaliert sind und an eine zentrale Stelle entrichtet werden: an die Minijob-Zentrale der Bundesknappschaft. Nähere Hinweise erhalten Sie unter www.minijob-zentrale.de.
Die Abgaben betragen 25% und teilen sich wie folgt auf:

- 12% Rentenversicherung
- 11% Krankenversicherung
- 2% Steuern

Die Gesamtsumme wird an die Bundesknappschaft überwiesen, die dann die einzelnen Teilbeträge an die Renten- und Krankenversicherung sowie das Finanzamt verteilt. Ein Minijob ist auch aufteilbar. Besonders interessant für Kindertageseinrichtungen ist daher die Möglichkeit des Zusammenschlusses von mehreren Arbeitgebern. So können sich beispielsweise mehrere Einrichtungen zusammen einen Hausmeister, eine Köchin oder eine Springerin leisten und je nach Bedarf Lohn und Abgaben teilen.

Praxisbeispiel

In der kommunalen Einrichtung „Die Wilde 13" wird dem andauernden Personalengpass der Kampf angesagt: Zusammen mit den Kitas „Kinderland" und „Luftballon" hat die Kommune nun eine Springerin auf 450-Euro-Basis eingestellt.

Beschäftigungsort nach § 10 Absatz 1

Hier ist der Beschäftigungsort für Personen im Freiwilligen Sozialen Jahr normiert: Es ist immer der Ort, an dem der Träger des Freiwilligen Sozialen Jahres (FSJ) seinen Sitz hat. Ihre Einrichtung ist demgegenüber die Einsatzstelle. Das ist arbeitsrechtlich ein Unterschied, insbesondere im Rahmen des Direktionsrechtes, also der Frage, wie der Beschäftigte konkret eingesetzt wird.

Praxisbeispiel

Das „Zwergenland" ist eine Kindertagesstätte in Trägerschaft einer großen freigemeinnützigen Organisation. Wie alle Träger hat auch sie unter dem Fachkräftemangel zu leiden. Personal ist schwierig zu finden. Umso mehr freut sich Leiterin Patricia D. darüber, dass ihr heute Uwe J. zugeteilt wird. Uwe J. leistet sein Freiwilliges Soziales Jahr bei der Organisation ab. Ein zusätzliches Paar Hände kann Patricia D. gut gebrauchen. Doch schon nach einer Woche wird Uwe J. vom Träger in einer anderen Einrichtung eingesetzt. Patricia D., die den Dienstplan für die kommenden vier Wochen gerade erst im Hinblick auf den Personalzuwachs umgeschrieben hat, muss nun alles wieder umstellen ...

5. SGB V: Gesetzliche Krankenversicherung

Vorab sollten Sie wissen, dass Sie in diesem Gesetz keine Vorgaben zu Vorschuluntersuchungen finden. Diese sind in den Gesundheitsdienstgesetzen der Länder verankert. Die Vorschriften des SGB V, die in einer Kita Bedeutung erlangen, sind die folgenden.

Zahnprophylaxe nach § 21 Absatz 1
Diese Norm widmet sich der Verhütung von Zahnerkrankungen im Rahmen der Gruppenprophylaxe: Die Krankenkassen haben im Zusammenwirken mit anderen Stellen gemeinsam und einheitlich flächendeckende Maßnahmen zur Erkennung und Verhütung von Zahnerkrankungen ihrer Versicherten, die das zwölfte Lebensjahr noch nicht vollendet haben, zu fördern und sich an deren Kosten zu beteiligen. Die Maßnahmen sollen vorrangig in Gruppen, vor allem in Kindergärten und Schulen, durchgeführt werden; sie sollen sich insbesondere auf die Untersuchung der Mundhöhle, Erhebung des Zahnstatus, Zahnschmelzhärtung, Ernährungsberatung und Mundhygiene erstrecken. Für Kinder mit besonders hohem Kariesrisiko sollen außerdem spezifische Programme entwickelt werden.

Früherkennung nach § 26 Absatz 1
Dieser Paragraf greift, wenn der Zahnarzt in Ihre Einrichtung kommt: Versicherte Kinder haben bis zur Vollendung des sechsten Lebensjahres Anspruch auf Untersuchungen. Zu den Früherkennungsuntersuchungen auf Zahn-, Mund- und Kieferkrankheiten gehören insbesondere die Inspektion der Mundhöhle, die Einschätzung oder Bestimmung des Kariesrisikos, die Ernährungs- und Mundhygieneberatung sowie Maßnahmen zur Schmelzhärtung und Keimzahlsenkung.

Kinderkrankengeld nach § 45
Diese Norm regelt das sogenannte Kinderkrankengeld: Versicherte in der gesetzlichen Krankenversicherung haben einen Anspruch auf Leistungen aus der gesetzlichen Krankenkasse bei Erkrankung des Kindes, wenn ärztlich attestiert ist, dass

1. zur Pflege des Kindes der Versicherte der Arbeit fernbleiben muss und
2. eine andere im Haushalt lebende Person das Kind nicht beaufsichtigen, pflegen oder betreuen kann und
3. das Kind das zwölfte Lebensjahr noch nicht vollendet hat.

Die Bezugsdauer beträgt für jedes Kind maximal zehn Tage. Alleinerziehende haben ein Anrecht auf maximal 20 Tage. Versicherte mit mehr als zwei Kindern können sich für maximal 25 Tage, Alleinerziehende maximal 50 Tage freistellen lassen. Für die Dauer des Anspruchs auf Krankengeld muss der Arbeitgeber dem Arbeitnehmer unbezahlte Freistellung gewähren.

6. SGB VI: Gesetzliche Rentenversicherung

Hier finden sich mit dem Paragrafen 159 noch einmal Vorschriften, die für Sie wichtig sind, wenn Sie Mitarbeiter im Freiwilligen Sozialen Jahr beschäftigen.

Beitragsbemessungsgrenzen nach § 159
Diese Vorschrift zur Beitragsbemessungsgrenze ist Dreh- und Angelpunkt der Vergütung im Freiwilligen Sozialen Jahr: Das Taschengeld, das im Freiwilligen Sozialen Jahr gezahlt werden muss, legt der Träger oder die Einsatzstelle, also in Ihrem Fall die Kindertageseinrichtung, fest. Es ist dann angemessen, wenn es 6% der jeweils geltenden Beitragsbemessungsgrenze nicht übersteigt, aktuell sind dies 330 Euro. Wenn auch die tatsächlich gezahlten Beträge von Träger zu Träger sehr unterschiedlich ausfallen und sogar verschiedene Einsatzstellen desselben Trägers unterschiedliche Taschengelder zahlen, kann man aber sagen, dass in der Praxis deutlich weniger als die genannten 330 Euro, nämlich ca. 160 Euro monatlich gezahlt werden. Darüber hinaus hat die Mitarbeiterin/der Mitarbeiter im Freiwilligen Sozialen Jahr prinzipiell auch Anspruch auf unentgeltliche Unterkunft, Verpflegung sowie Fahrtkostenerstattung durch die Einrichtung. Wird keine Unterkunft und Verpflegung geleistet, kann dies mit Geldersatzleistung kompensiert werden. Bei Kindertageseinrichtungen ist jedoch zu beachten, dass diese nicht verpflichtet sind, eine Unterkunft zur Verfügung zu stellen, sie brauchen hier also auch keine Kompensation zu leisten.

7. SGB VII: Gesetzliche Unfallversicherung

Die Kinder, die eine Kindertageseinrichtung besuchen, unterfallen kraft des Gesetzes der gesetzlichen Unfallversicherung. Daher sollten Sie sich auch im SGB VII auskennen.
Außerdem ist den Empfehlungen der gesetzlichen Unfallkassen (z.B. zu Bau und Ausrüstung von Kindertageseinrichtungen) unbedingt Folge zu leisten, denn sie sind autonomes und verbindliches Recht.

Des Weiteren unterfallen ehrenamtliche Mitarbeiter in Ihrer Einrichtung unter bestimmten Voraussetzungen ebenfalls dem Versicherungsschutz dieses Buches. Im Folgenden finden Sie die für Sie wichtigsten Vorschriften des SGB VII.

Versichert nach § 2 Absatz 1 Nr. 8a

Kraft Gesetzes sind danach versichert: Kinder während des Besuchs von Tageseinrichtungen, deren Träger für den Betrieb ihrer Einrichtungen entweder eine Erlaubnis nach § 45 SGB VIII oder eine Erlaubnis aufgrund einer entsprechenden landesrechtlichen Regelung brauchen. Ebenfalls versichert sind Kinder während der Betreuung durch geeignete Tagespflegepersonen im Sinne von § 23 SGB VIII.

Versichert nach § 2 Absatz 1 Nr. 10

Diese Norm schließt eine wichtige Lücke im Versicherungsschutz. Bis vor einigen Jahren waren nämlich nach dem SGB VII nur Personen unfallversichert, die in einem Beschäftigungsverhältnis im Sinne des § 7 SGB VII stehen, nämlich Arbeiter und Angestellte. Voraussetzung für einen Versicherungsschutz war somit ein Beschäftigungsverhältnis, also ein Arbeitsvertrag. Die ehrenamtlichen Mitarbeiter in Ihrer Einrichtung gehörten deshalb nicht zum versicherten Personenkreis. Daher wurde dieser Paragraf mit dem „Gesetz zur Verbesserung des unfallversicherungsrechtlichen Schutzes bürgerschaftlich Engagierter und weiterer Personen" vom 9.12.2004 neu gefasst und bezieht nun auch Personen ein, die entweder für Kommunen oder für die Kirchen ehrenamtlich tätig sind. Erforderlich ist allerdings ein Auftrag oder die ausdrückliche Zustimmung zur konkreten Tätigkeit durch den Träger der Einrichtung, der von Ihnen vertreten wird. Kann diese im Falle eines Unfalles nicht belegt werden, werden Leistungen aus der gesetzlichen Unfallversicherung versagt.

Praxisbeispiel

Im Kindergarten „Regenbogen" wird an diesem Wochenende renoviert. Alle Räume werden neu gestrichen und umgestaltet. Kindergartenleiterin Bernadette Z. hat elf Eltern gefunden, die mitarbeiten. Vater Ulli M., der als Steuerberater freiberuflich tätig ist, hat die Turnhalle übernommen. Als er die Decke streicht, fällt er von der Leiter und erleidet eine komplizierte Hüftfraktur. Er ist der Ansicht, für seinen dreimonatigen Erwerbsausfall müsse die gesetzliche Unfallversicherung aufkommen, da er den Unfall bei der Arbeit in einer öffentlichen Kindertageseinrichtung erlitten habe. Seine Unfallanzeige stößt bei der GUV allerdings nicht auf Gehör: Ohne Auftragserteilung, die weder er noch Bernadette Z. vorgelegt habe, bestehe leider kein Versicherungsschutz.

Stehen in Ihrer Einrichtung Arbeiten an, für die helfende Eltern gewonnen werden sollen, denken Sie immer daran, dass es unbedingt erforderlich ist, entsprechende Aufträge und Zustimmungen für die konkreten Tätigkeiten in schriftlicher Form zu erteilen (siehe Musterformular S. 44).

Unfallverhütung nach § 15 Absatz 1

Die Unfallversicherungsträger können unter Mitwirkung der Deutschen Gesetzlichen Unfallversicherung e. V. als autonomes Recht Unfallverhütungsvorschriften über Maßnahmen zur Verhütung von Arbeitsunfällen, Berufskrankheiten und arbeitsbedingten Gesundheitsgefahren oder für eine wirksame Erste Hilfe erlassen, soweit dies zur Prävention geeignet und erforderlich ist und staatliche Arbeitsschutzvorschriften hierüber keine Regelung treffen. Dieses autonome Recht nennt der Jurist „Rechtsetzungsbefugnis". Erlassen Unfallkassen also Unfallverhütungsvorschriften, sind dies Gesetze, die genauso zu beachten sind wie andere Gesetze auch. Der in der Praxis weit verbreitete Irrtum, die Unfallverhütungsvorschriften seien bloße Empfehlungen, da sie ja auch keine Strafen im Fall der Zuwiderhandlung androhen, ist vor diesem Hintergrund gefährlich: Diese stehen im Strafgesetzbuch.
Kommt in Ihrer Einrichtung ein Kind zu Schaden, wird die zuständige Unfallkasse den Vorfall genau analysieren und auf Verstöße gegen die Unfallverhütungsvorschriften prüfen. Ergibt diese Prüfung, dass die Vorschriften nicht eingehalten wurden, wird die Einrichtung, also der Träger sowie die Leitung, je nach Verschuldensgrad zur Verantwortung gezogen. In der Regel geschieht dies aufgrund von Fahrlässigkeits- oder Unterlassenstatbeständen. Bei schweren Verfehlungen kann Ihrer Einrichtung auch die Betriebserlaubnis entzogen werden.

Weitere Informationen

Die Unfallverhütungsvorschriften für den Kindergartenbereich können Sie abrufen bzw. bestellen unter www.dguv.de

Auftragserteilung zum Zwecke des Nachweises nach § 2 Absatz 1 Nr. 10 SGB VII

Die Kindertageseinrichtung

____

veranstaltet am ____________________ folgende Aktion:

____

Zur Durchführung dieser Aktion ist die Mithilfe der Eltern der in der Kindertageseinrichtung betreuten Kinder erforderlich.

Herr/Frau ____

Adresse ____

wird aus diesem Grund beauftragt, folgende Tätigkeit im Rahmen dieser Aktion ehrenamtlich vorzunehmen:

____

Er/Sie wird bei Bedarf vertreten von

Herr/Frau ____

Adresse ____

Der hiermit erteilte Auftrag gilt auch insoweit uneingeschränkt.

______________________ ______________________

Ort, Datum *Leitung der Kindertageseinrichtung*

Praxisbeispiel
Ein Schwelbrand hat in der Nacht zum Sonntag dazu geführt, dass die Kita „Wichtelstube" ein Opfer der Flammen wurde. Die Feuerwehr kommt aufgrund der Anzeichen zum Verlauf der Brandentwicklung zu dem Ergebnis, dass ein fehlerhaftes Kabel im Raum der Mäusegruppe Ursache des Brandes gewesen sein muss. Gruppenleiterin Kerstin O. kann sich das nicht erklären. Im Strafprozess gegen sie wegen fahrlässiger Brandstiftung lässt sie sich zu ihrer Verteidigung ein wie folgt: Zwar stimme es, dass ihr

Ein Sachverständigengutachten wird die Ursache klären

Träger sämtlichen Erzieherinnen die Einhaltung der Unfallverhütungsvorschriften nahegelegt habe. Sie wisse auch, dass hierzu eine regelmäßige Kontrolle der verwendeten Stromkabel gehöre. Sie habe aber kein defektes Kabel bemerkt. Im Übrigen habe sie einen umfangreichen Arbeitsauftrag und müsse entscheiden, welchen Inhalten sie sich primär widme. Und wenn sie nicht dazu käme, bei jeder Benutzung des Beamers zu prüfen, ob seine Kabel auch noch alle intakt sind, läge das daran, dass sie stattdessen Bewegungsspiele im Turnraum angeboten oder die Vertretung einer kranken Kollegin übernommen oder das Projekt zum Naturschutz dokumentiert oder mit unzufriedenen Eltern gesprochen habe.

Die Uneinsichtigkeit und mangelnde Reflexionsfähigkeit von Kerstin O. wird das Gericht veranlassen, ein Brandschutzgutachten in Auftrag zu geben. Dies wird die Einschätzung der Feuerwehr zur Brandursache höchstwahrscheinlich bestätigen. Da ein Sachverständigengutachten zulässiges Beweismittel im Strafprozess ist, gilt die Fahrlässigkeitsschuld von Kerstin O. damit als bewiesen. Sie wird wegen fahrlässiger Brandstiftung verurteilt werden. Ihr drohen weiterhin zivilrechtliche Schadensersatzansprüche (direkter Brandschaden an Gebäude und Ausstattungsgegenständen sowie Folgeschäden ihres Arbeitgebers durch Anmietung anderer Räume, Beitragseinbußen etc.) und letztlich arbeitsrechtliche Konsequenzen. Denn zu den Nebenpflichten eines jeden Arbeitsvertrages gehört es, dem Arbeitgeber nicht vorsätzlich oder grob fahrlässig Sach- oder Vermögensschäden zuzufügen. Wer aber wider besseres Wissen und Anordnung die Vorschriften der Unfallkassen missachtet, handelt stets grob fahrlässig.

Sicherheitsbeauftragte nach § 22 Absatz 1 Satz 1

Was hat die im Folgenden zitierte Norm mit Ihnen zu tun?

„In Unternehmen mit regelmäßig mehr als 20 Beschäftigten hat der Unternehmer unter Beteiligung des Betriebsrates oder Personalrates Sicherheitsbeauftragte unter Berücksichtigung der im Unternehmen für die Beschäftigten bestehenden Unfall- und Gesundheitsgefahren und der Zahl der Beschäftigten zu bestellen."

Die Antwort mag Sie verwundern: Als Beschäftigte gelten auch die nach § 2 Absatz 1 Nr. 8a Versicherten, also die Kinder Ihrer Einrichtung!

8. SGB IX: Rehabilitation und Teilhabe behinderter Menschen

Von diesem Buch sind Kinder mit Behinderungen betroffen, die Regeleinrichtungen sowie heilpädagogische Einrichtungen besuchen. Die genannten Vorschriften sind daher immer im engen Zusammenhang mit denen des SGB XII sowie mit § 35a SGB VIII zu sehen. Außerdem ist die Verordnung zur Früherkennung und Frühförderung behinderter und von Behinderung bedrohter Kinder (Frühförderungsverordnung – FrühV) zu beachten. Im Folgenden finden Sie die für Sie wichtigsten Vorschriften des SGB IX.

Früherkennung und Frühförderung nach § 30

Aufgabe von Früherkennung und Frühförderung behinderter und von Behinderung bedrohter Kinder ist es, so früh wie möglich mit Maßnahmen der Behebung und Besserung der Beeinträchtigung des Kindes zu beginnen. Leistungen in diesem Bereich werden in der Regel von sozialpädiatrischen Zentren oder Frühförderstellen als Komplexleistung erbracht, auch wenn die Kostenträger völlig unterschiedlich sind: Soweit es sich um die Feststellung einer (drohenden) Behinderung oder um medizinisch-therapeutische Leistungen (Ergotherapie, Logopädie etc.) handelt, wird dies von den Krankenkassen bezahlt. Soweit es sich um heilpädagogische Leistungen handelt (Lerntherapie, Spieltherapie, Musiktherapie, Kunsttherapie etc.),

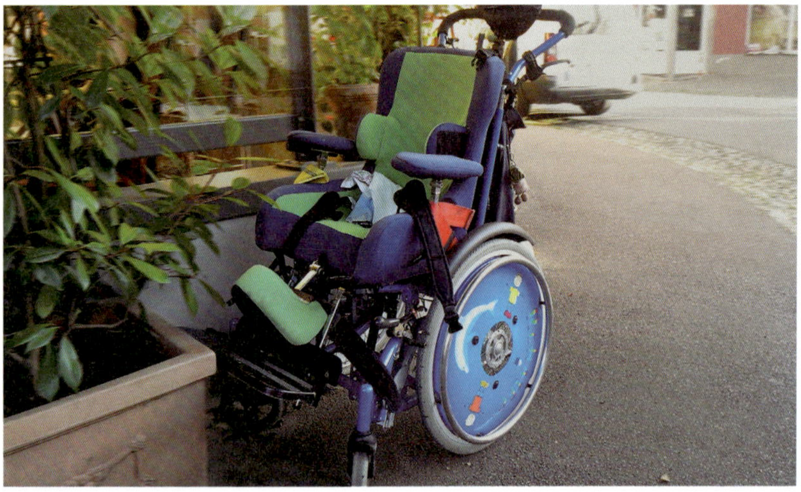

Medizinisch-therapeutische Leistungen werden von den Krankenkassen finanziert

werden diese von der Sozialhilfe im Rahmen der Eingliederungshilfe finanziert. Da die Grenzen hierbei oft fließend sind und die Eltern nicht verwirrt werden sollen, werden die Leistungen aus einer Hand erbracht. Das Nähere regelt § 8 FrühVO.

Betreuungskosten nach § 54 Abs. 3

Kosten für die Betreuung der Kinder eines Elternteils mit Behinderung können bis zu einem Betrag von 130 Euro je Kind und Monat übernommen werden, wenn sie durch die Ausführung einer Leistung zur medizinischen Rehabilitation oder zur Teilnahme am Arbeitsleben unvermeidbar entstehen. Leistungen zur Kinderbetreuung werden nicht erbracht, wenn bereits eine Haushaltshilfe nach Absatz 1 geleistet wird.

Heilpädagogische Leistungen nach § 56

Dieser Paragraf regelt die Vergabe heilpädagogischer Leistungen, also sozial- und sonderpädagogische, psychologische und psychosoziale Leistungen. Sie werden in Frühförderstellen, heilpädagogischen Praxen oder sozialpädiatrischen Zentren erbracht. § 56 lautet:

„(1) Heilpädagogische Leistungen nach § 55 Absatz 2 Nummer 2 werden erbracht, wenn nach fachlicher Erkenntnis zu erwarten ist, dass hierdurch

1. eine drohende Behinderung abgewendet oder der fortschreitende Verlauf einer Behinderung verlangsamt oder
2. die Folgen einer Behinderung beseitigt oder gemildert werden können. Sie werden immer an schwerstbehinderten und schwerstmehrfachbehinderten Kindern, die noch nicht eingeschult sind, erbracht. In Verbindung mit Leistungen zur Früherkennung und Frühförderung (§ 30) und schulvorbereitenden Maßnahmen der Schulträger werden heilpädagogische Leistungen als Komplexleistung erbracht."

9. SGB X: Sozialverwaltungsverfahren und Sozialdatenschutz

Dieses Buch ist genau wie SGB I als allgemeiner Teil für die gesamte Sozialgesetzgebung verbindlich. Es regelt das Verfahren in allen Angelegenheiten der Sozialverwaltung. Von außerordentlicher Bedeutung sind hier in Ergänzung zu den Datenschutzvorschriften des SGB I (dort behandelt) weitere Vorschriften zum Sozialdatenschutz, die in den Paragrafen 67–85a zu finden sind. Die für Sie wichtigsten finden Sie im Folgenden.

Das SGB X fordert von allen Stellen, dass sie die Sozialdaten von Leistungsberechtigten korrekt

- erheben,
- speichern,
- nutzen sowie
- übermitteln.

§ 67 enthält eine Reihe von Definitionen und Begriffsbestimmungen. Die wichtigsten finden Sie im nebenstehenden Kasten. Denn was ist überhaupt ein Sozialdatum und was ist der Unterschied zum bloßen Datum? Datum im Sinne des Grundgesetzes und des Bundesdatenschutzgesetzes sind alle „Daten, die eine Person beschreiben oder Aussagen zu dieser Person machen". Wenn Sie diese Definition mit der des Sozialdatums vergleichen, werden Sie feststellen, dass dort der Begriff weitaus spezieller gefasst ist.

Was bedeutet das für Ihr Tätigkeitsfeld?

Für Ihre tägliche Praxis bedeuten die im Kasten genannten Definitionen:

- Alle personenbezogenen Angaben, die im Zusammenhang mit der Erziehung des Kindes in der Einrichtung erhoben und verwendet werden, sind Sozialdaten. Darunter fallen beispielsweise Namen und Adressen, Telefonnummern, Sorgerechtsregelung, Bewertungen, Prognosen etc., aber auch Vernetzungsdaten, also Daten, die Sie durch Gespräche mit Ihren Ver-

Die wichtigsten Begriffsbestimmungen nach § 67

Sozialdaten sind Einzelangaben über persönliche oder sachliche Verhältnisse einer bestimmten oder bestimmbaren natürlichen Person (Betroffener), die von einer in § 35 des Ersten Buches genannten Stelle im Hinblick auf ihre Aufgaben nach diesem Gesetzbuch erhoben, verarbeitet oder genutzt werden. Betriebs- und Geschäftsgeheimnisse sind alle betriebs- oder geschäftsbezogenen Daten, auch von juristischen Personen, die Geheimnischarakter haben.

Erheben ist das Beschaffen von Daten über den Betroffenen.

Verarbeiten ist das Speichern, Verändern, Übermitteln, Sperren und Löschen von Sozialdaten.

Speichern ist das Erfassen, Aufnehmen oder Aufbewahren von Sozialdaten auf einem Datenträger zum Zwecke ihrer weiteren Verarbeitung oder Nutzung.

Übermitteln ist das Bekanntgeben gespeicherter oder durch Datenverarbeitung gewonnener Sozialdaten an einen Dritten in der Weise, dass die Daten an den Dritten weitergegeben werden oder der Dritte zur Einsicht oder zum Abruf bereitgehaltene Daten einsieht oder abruft.

Übermitteln ist auch das Bekanntgeben nicht gespeicherter Sozialdaten.

Sperren ist das vollständige oder teilweise Untersagen der weiteren Verarbeitung oder Nutzung von Sozialdaten durch entsprechende Kennzeichnung.

Löschen ist das Unkenntlichmachen gespeicherter Sozialdaten.

Nutzen ist jede Verwendung von Sozialdaten, soweit es sich nicht um Verarbeitung handelt, auch die Weitergabe innerhalb der verantwortlichen Stelle.

Anonymisieren ist das Verändern von Sozialdaten derart, dass die Einzelangaben über persönliche oder sachliche Verhältnisse nicht mehr oder nur mit einem unverhältnismäßig großen Aufwand an Zeit, Kosten und Arbeitskraft einer bestimmten oder bestimmbaren natürlichen Person zugeordnet werden können.

Pseudonymisieren ist das Ersetzen des Namens und anderer Identifikationsmerkmale durch ein Kennzeichen zu dem Zweck, die Bestimmung des Betroffenen auszuschließen oder wesentlich zu erschweren.

Verantwortliche Stelle ist jede Person oder Stelle, die Sozialdaten für sich selbst erhebt, verarbeitet oder nutzt oder dies durch andere im Auftrag vornehmen lässt.

Empfänger ist jede Person oder Stelle, die Sozialdaten erhält.

Dritter ist jede Person oder Stelle außerhalb der verantwortlichen Stelle. Dritte sind nicht der Betroffene sowie diejenigen Personen und Stellen, die im Inland, in einem anderen Mitgliedstaat der Europäischen Union oder in einem anderen Vertragsstaat des Abkommens über den Europäischen Wirtschaftsraum Sozialdaten im Auftrag erheben, verarbeiten oder nutzen. (Diese sind Verantwortliche Stelle, Anm. der Verf.)

Nicht-öffentliche Stellen sind natürliche und juristische Personen, Gesellschaften und andere Personenvereinigungen des privaten Rechts.

Besondere Arten personenbezogener Daten sind Angaben über die rassische und ethnische Herkunft, politische Meinungen, religiöse oder philosophische Überzeugungen, Gewerkschaftszugehörigkeit, Gesundheit oder Sexualleben.

netzungspartnern erhalten haben. Dies sind zum Beispiel Informationen des Allgemeinen Sozialen Dienstes über eine mögliche Gefährdung des Kindeswohls in der Familie.

- „Betroffener" im Sinne des SGB ist nicht nur das konkrete Kind, sondern seine gesamte Familie und eventuelle Dritte (Oma, Opa, Tante, Onkel, Bruder, die Freundin des Bruders, das Au-pair-Mädchen etc.).
- Es ist für die Frage, wann ein Datum unter den Datenschutz fällt, völlig unerheblich, ob das Datum schriftlich oder lediglich mündlich übermittelt wurde.

Vorsicht bei der Weitergabe von Sozialdaten!

- Auch Videoaufnahmen und Fotos vom Kindergartengeschehen fallen unter den Sozialdatenschutz.

Datenerhebung nach § 67a

Diese Norm regelt die korrekte Datenerhebung:

„Das Erheben von Sozialdaten durch in § 35 des Ersten Buches genannte Stellen ist zulässig, wenn ihre Kenntnis zur Erfüllung einer Aufgabe der erhebenden Stelle nach diesem Gesetzbuch erforderlich ist. (...)"

Ergänzend hierzu ist für die Kinder- und Jugendhilfe die Datenerhebung speziell in § 62 SGB VIII geregelt. Im Absatz 1 heißt es dort:

„Sozialdaten dürfen nur erhoben werden, soweit ihre Kenntnis zur Erfüllung der jeweiligen Aufgabe erforderlich ist."

Was also ist die Aufgabe einer Kindertageseinrichtung? Erziehung, Bildung und Betreuung der anvertrauten Kinder. Daten, die für diese Aufgabe nicht erforderlich sind, dürfen auch nicht erhoben werden. Erst recht ist es unzulässig, Daten auf Vorrat zu erheben (sogenannte Vorratsdatenspeicherung), weil man sie vielleicht in Zukunft einmal brauchen könnte. Vor jeder Datenerhebung ist es also unabdingbar, kritisch zu hinterfragen, ob das begehrte Datum wirklich in der Einrichtung gebraucht wird. Dies wird für Name, Anschrift und Geburtsdatum des Kindes völlig anders aussehen als für das Einkommen der Eltern oder deren Beruf.

Weiterhin normieren sowohl § 67a als auch § 62 Absatz 2 SGB VIII den Grundsatz der Ersterhebung: Sozialdaten sind beim Betroffenen zu erheben. Dies wäre in Ihrem Fall natürlich zunächst das betroffene Kind. Bei drei- bis sechsjährigenjährigen Kindern ist jedoch in der Regel nicht zu erwarten, dass sie bereits in der Lage sind, die Reichweite der Herausgabe ihrer Sozialdaten zu überblicken. Wenn es darum geht, Daten über das Kind zu erheben, handeln deshalb die Erziehungs- bzw. Sorgeberechtigten an seiner Stelle. Aber auch die Daten der Eltern sind stets bei diesen selbst zu erheben. Eine Informationssammlung beim Arbeitgeber, der Krankenkasse oder dem Finanzamt hat zu unterbleiben!

Datennutzung nach § 67b

Diese Norm regelt die korrekte Datennutzung. War bei der Datenerhebung von zentraler Bedeutung, nur die Daten zu erheben, die auch wirklich für die konkrete Aufgabe benötigt werden, muss nach dem vom Bundesverfassungsgericht postulierten Gebot der Zweckbindung der Daten nun darauf geachtet werden, dass die Daten nur für diejenigen Zwecke verwendet werden, für die sie erhoben wurden. Wenden Sie die gewonnenen Daten intern an, also beispielsweise in Teamsitzungen, zur Einarbeitung neuer Mitarbeiterinnen oder zur Erstellung von Dokumentationen über die Entwicklung und den Leistungsstand eines Kindes, ist dies kein Problem. Auch die Anleitung von Praktikantinnen kann es erforderlich machen, die erhobenen Daten zu nutzen, wenn es beispielsweise darum geht, sie mit den häuslichen Schwierigkeiten eines auffälligen Kindes vertraut zu machen.

Übermittlungsgrundsätze nach § 67d

Hier handelt es sich um die bei Weitem wichtigste Vorschrift des Sozialdatenschutzes! Sie regelt die Übermittlung von Daten und lautet:

„Eine Übermittlung von Sozialdaten ist nur zulässig, soweit eine gesetzliche Übermittlungsbefugnis nach den §§ 68 bis 77 oder nach einer anderen Rechtsvorschrift in diesem Gesetzbuch vorliegt."

Praxisbeispiel
In der Kita „Klabautermann" klingelt das Telefon bei Leiterin Sonja R. Die Lehrerin der nahen Grundschule Mareike T. ist am Telefon und hat ein ganz konkretes Anliegen: Sie möchte sich mit Sonja R. „schon einmal vorab und ganz informell" über die Vorschulkinder austauschen, die demnächst eingeschult werden. Schließlich wolle man ja gerne wissen, was da so auf einen zukomme, das könne Sonja R. ja sicher verstehen.

An Ihre Einrichtung werden immer wieder Daten-Anfragen herangetragen. Jugendamt, Kinderärzte, Rechtsanwälte, Frühförderstellen, Lehrer etc.: Alle möglichen Stellen hätten gern Auskunft über ein bestimmtes Kind oder eine bestimmte Familie Ihrer Einrichtung. Um überhaupt an eine Übermittlung denken zu können, müssen Sie sich immer bewusst machen, dass Sie für diese konkrete Übermittlung eine sogenannte Übermittlungsbefugnis haben müssen. Gesetzliche Übermittlungsbefugnisse finden sich in den §§ 68–75 SGB X. Ein Blick auf die Überschriften dieser Paragrafen verrät Ihnen schnell, dass hier nur § 69 Absatz 1 Nr. 1 SGB X in Frage kommen kann. Darin heißt es:

„Eine Übermittlung von Sozialdaten ist zulässig, soweit sie erforderlich ist für die Erfüllung der Zwecke, für die sie erhoben worden sind oder für die Erfüllung einer gesetzlichen Aufgabe der übermittelnden Stelle nach diesem Gesetzbuch oder einer solchen Aufgabe des Dritten, an den die Daten übermittelt werden, wenn er eine in § 35 des Ersten Buches genannte Stelle ist."

Das heißt im Klartext: Sie können die Daten übermitteln, wenn die anfragende Stelle eine Aufgabe nach dem Sozialgesetzbuch wahrnimmt. Das bedeutet: Es muss sich beim Empfänger der Daten um eine Stelle handeln, die als Sozialleistungsträger nach dem SGB, dort § 35 SGB I, tätig wird. Wer aber sind Sozialleistungsträger nach § 35 SGB I?
Jugendämter sicherlich, nicht aber Kinderärzte, Rechtsanwälte, Verfahrenspfleger etc. Auch Schulen nach einhelliger Ansicht in der juristischen Literatur nicht. Sonja R. aus dem Praxisbeispiel ist also nicht berechtigt, Informationen über die neuen Schulkinder an die Grundschullehrerin zu übermitteln. Will die Einrichtung diesen Stellen Auskünfte erteilen, ist dies ausschließlich mit Einwilligung der Betroffenen möglich, die in der Regel dann anzunehmen ist, wenn sie eine Vollmacht des oder der Sorgeberechtigten vorlegen können.

Bußgeldvorschriften nach § 85
Die Folgen eines Verstoßes gegen die Geheimhaltungspflicht hängen davon ab, welcher Berufsgruppe der Täter angehört: Verletzen Erzieherinnen und Kinderpflegerinnen die Datenschutzbestimmungen des SGB, begehen sie eine Ordnungswidrigkeit, die nach § 85 Absatz 3 SGB X mit einer Geldbuße bis zu 250.000 Euro bestraft wird. Etwas anderes gilt für staatlich anerkannte Sozialarbeiterinnen oder Sozialpädagogen, da sie ausdrücklich von § 203 Absatz 1 Nr. 5 Strafgesetzbuch genannt werden. Darin heißt es:

„Wer unbefugt ein fremdes Geheimnis, namentlich ein zum persönlichen Lebensbereich gehörendes Geheimnis oder ein Geschäfts- oder Betriebsgeheimnis offenbart, das ihm als
(...)
5. staatlich anerkanntem Sozialarbeiter oder staatlich anerkanntem Sozialpädagogen (...) anvertraut worden oder sonst bekannt geworden ist, wird mit Freiheitsstrafe bis zu einem Jahr oder mit Geldstrafe bestraft."

Verletzt also ein Angehöriger dieser Berufsgruppen die Datenschutzbestimmungen, ist dies keine Ordnungswidrigkeit, sondern eine Straftat.

10. SGB XII: Sozialhilfe

Leiten Sie einen Sonderkindergarten bzw. eine heilpädagogische Einrichtung, ist dieses Buch für Sie relevant. Außerdem sind die folgenden Vorschriften wichtig, wenn es um die Kindergartenbeiträge der Eltern geht.

Nachrang nach § 2 Absatz 2
Sozialhilfe ist immer nachrangig. Das bestimmt diese Norm. Verpflichtungen anderer Träger, insbesondere der Träger der Kinder- und Jugendhilfe, bleiben von diesem Buch unberührt. Im Klartext heißt das: Hat ein Berechtigter sowohl Ansprüche auf Leistungen nach Kinder- und Jugendhilferecht als auch auf Leistungen der Sozialhilfe, besteht also Leistungskonkurrenz von SGB VIII und SGB XII, gehen die Kinder- und Jugendhilfeansprüche vor.

Bedarfe für Bildung und Teilhabe nach § 34, 34a
Diese Norm regelt das „Bildungspaket" und damit u.a. die Mittagsverpflegung der sozialhilfebedürftigen Kinder Ihrer Einrichtung. Diese wird über den Sozialhilfe-Regelbedarf hinaus erbracht, wenn der Antragsteller diese nicht aus eigenen Kräften und Mitteln vollständig decken kann. § 34 Absatz 6 bestimmt hierzu:

Besondere Übermittlungsbefugnis im Rahmen des § 8a SGB VIII

Eine besondere Übermittlungsbefugnis gibt in Fällen der Gefährdung des Kindeswohls seit Neuestem der § 8a Absatz 5 SGB VIII, weshalb er an dieser Stelle genannt sein soll:

„Werden einem örtlichen Träger gewichtige Anhaltspunkte für die Gefährdung des Wohls eines Kindes oder eines Jugendlichen bekannt, so sind dem für die Gewährung von Leistungen zuständigen örtlichen Träger die Daten mitzuteilen, deren Kenntnis zur Wahrnehmung des Schutzauftrages bei Kindeswohlgefährdung nach § 8a erforderlich ist."

Diese Neufassung des Gesetzes schließt eine Regelungslücke, die in der früheren Fassung des § 8a SGB VIII offenbar wurde: Eine Kita durfte zwar nach § 69 Absatz 1 Nr. 1 SGB X bereits schon immer Sozialdaten ans Jugendamt übermitteln, nicht jedoch jene Sozialdaten, die gewichtige Anhaltspunkte für eine Kindeswohlgefährdung darstellten. In diesem Fall hatte sie keine rechtliche Befugnis, diese speziellen Daten, sprich die gewichtigen Anhaltspunkte, an das Jugendamt weiterzugeben. Von der Nutzung bzw. Übermittlung von Daten abzugrenzen ist nämlich die sogenannte Weitergabe von Daten. Diese kann innerhalb der Einrichtung (z.B. in einer Teamsitzung) oder an externe Personen bzw. Institutionen (z.B. das Jugendamt) zur Wahrung des Schutzauftrags erforderlich werden und ist mit der Neufassung des § 8a ausdrücklich erlaubt. Von einer Weitergabe spricht man hier, weil diese Daten von besonderer Qualität sind: Sie sind „anvertraut" und stellen einen wichtigen Sonderfall dar. Der „Besondere Vertrauensschutz in der persönlichen und erzieherischen Hilfe" nach § 65 Absatz 1 Nr. 1 SGB VIII schränkt diese Weitergabe allerdings ein:

„Sozialdaten, die dem Mitarbeiter eines Trägers der öffentlichen Jugendhilfe zum Zwecke persönlicher und erzieherischer Hilfe anvertraut worden sind, dürfen von diesem nur weitergegeben werden mit Einwilligung dessen, der die Daten anvertraut hat (...)."

Der neu eingeführte Absatz 5 des § 8a SGB VIII schließt mit der Befugnis zur Weitergabe von Daten diese Lücke. Er bestimmt auch ausdrücklich, dass diese Weitergabe im Rahmen des 8a-Verfahrens nur unter Mitwirkung der Eltern stattfinden kann:

„Die Mitteilung soll im Rahmen eines Gespräches zwischen den Fachkräften der beiden örtlichen Träger erfolgen, an dem die Personensorgeberechtigten sowie das Kind oder der Jugendliche beteiligt werden sollen, soweit hierdurch der wirksame Schutz des Kindes oder des Jugendlichen nicht in Frage gestellt wird."

„Anvertraut" im Sinne des Gesetzes sind Daten nicht nur, wenn die Mitteilung unter dem Siegel der Verschwiegenheit erfolgt, sondern immer dann, wenn derjenige, der die Information preisgibt, von der Verschwiegenheit des Empfängers ausgeht und dies ausdrücklich signalisiert wird oder aus dem Zusammenhang erkennbar wird.

„Bei Teilnahme an einer gemeinschaftlichen Mittagsverpflegung werden die entstehenden Mehraufwendungen berücksichtigt für (...)
2. Kinder, die eine Tageseinrichtung besuchen oder für die Kindertagespflege geleistet wird."

Der Gesetzgeber stellt es frei, zur Leistungserbringung ein Gutscheinsystem einzuführen oder die Leistung direkt an den Anbieter zu zahlen. Da dann zu Hause ja nicht mehr für das Kind gekocht werden muss, wird ein Eigenanteil von einem Euro je Mahlzeit als ersparte Aufwendungen abgezogen.

Eingliederungshilfe nach § 54: Diese Norm gibt behinderten Kindern einen Anspruch auf Eingliederungshilfe in Form von Hilfen zu einer angemessenen Schulbildung einschließlich der Vorbereitung hierzu. Hierunter fällt also beispielsweise die heil- oder sozialpädagogische Betreuung in einer Kindertageseinrichtung. Kostenträger der Eingliederungshilfe ist das Sozialamt.

Die relevanten Normen auf einen Blick

Gesetz	Inhalt	Bedeutung für Sie	Die wichtigsten Vorschriften für Sie
Sozialgesetzbuch I	Allgemeiner Teil	In diesem Teil finden sich alle Vorschriften, die für die gesamte Sozialgesetzgebung gelten und der besseren Übersichtlichkeit wegen gleichsam „vor die Klammer“ gezogen wurden. Das bedeutet für Sie: Dieses Buch ist genauso wichtig wie SGB VIII! Im Zweifel finden Sie hier die Normen, die nicht im SGB VIII stehen.	**§ 8:** Kinder- und Jugendhilfe **§ 22:** Leistungen der gesetzlichen Unfallversicherung **§ 27:** Leistungen der Kinder- und Jugendhilfe **§ 35:** Sozialgeheimnis
Sozialgesetzbuch II	Grundsicherung für Arbeitssuchende	Haben Sie Kinder in Ihrer Einrichtung, deren Eltern arbeitssuchend gemeldet sind, sollten Sie wissen, wie die Kinderbetreuungskosten anzusetzen sind und welche Mehrbedarfe gewährt werden.	**§ 16a Nr. 1:** Kommunale Eingliederungsleistungen **§ 16d:** Arbeitsgelegenheiten (1-Euro-Job) **§ 21 Abs. 3 Nr. 1 und 2:** Mehrbedarfe für Alleinerziehende
Sozialgesetzbuch III	Arbeitsförderung/Hartz IV	Kündigen Sie Ihren Arbeitsplatz oder halten Sie die Kündigung Ihres Arbeitgebers in den Händen, sind ab sofort die Bestimmungen dieses Gesetzes einzuhalten.	**§ 38:** Rechte und Pflichten der Ausbildungs- und Arbeitssuchenden **§ 148 Abs. 1 Nr. 3:** Versäumung der Meldefrist
Sozialgesetzbuch IV	Vorschriften Sozialversicherung	Dieses Buch kann für Sie wichtig werden, wenn Sie 450-Euro-Kräfte beschäftigen.	**§ 8:** geringfügig Beschäftigte **§ 10 Abs. 1:** Beschäftigungsort für Personen im FSJ
Sozialgesetzbuch V	Gesetzliche Krankenversicherung	Gesetzliche Vorgaben zu Vorschuluntersuchungen finden Sie in diesem Gesetz nicht. Diese sind in den Gesundheitsdienstgesetzen der Länder verankert.	**§ 21 Abs. 1 S. 3:** Verhütung von Zahnerkrankungen (Gruppenprophylaxe) **§ 26:** Kinderuntersuchung **§ 45:** Kinderkrankengeld
Sozialgesetzbuch VI	Gesetzliche Rentenversicherung	Dieses Gesetz ist von Ihnen zu beachten, wenn Sie Mitarbeiter im FSJ beschäftigen.	**§ 159:** Beitragsbemessungsgrenze
Sozialgesetzbuch VII	Gesetzliche Unfallversicherung	Kinder, die eine Kindertagesstätte besuchen, unterfallen kraft Gesetzes der gesetzlichen Unfallversicherung. Außerdem unterfallen	**§ 2:** Versicherung kraft Gesetzes **§ 15:** Unfallverhütungsvorschriften

Gesetz	Inhalt	Bedeutung für Sie	Die wichtigsten Vorschriften für Sie
		ehrenamtlich in Ihrer Einrichtung Tätige unter bestimmten Voraussetzungen ebenfalls dem Versicherungsschutz dieses Buches. Daher müssen Sie sich auch hierin auskennen.	**§ 22:** Sicherheitsbeauftragte
Sozialgesetzbuch VIII	Kinder- und Jugendhilfe	Zentrales Gesetz: Unter Jugendhilfe fallen alle Leistungen zur Förderung der Entwicklung und Erziehung junger Menschen neben Familie, Schule und Berufsausbildung sowie Leistungen zur Entlastung und Unterstützung der Familie.	**§ 1:** Ziel von Jugendhilfe
			§ 2: Aufgaben der Jugendhilfe
			§ 3: Freie und öffentliche Jugendhilfe
			§ 4: Zusammenarbeit der öffentlichen Jugendhilfe mit der freien Jugendhilfe, Grundsatz der Subsidiarität
			§ 5: Wunsch- und Wahlrecht
			§ 8: Beteiligung von Kindern und Jugendlichen
			§ 8a: Schutzauftrag bei Kindeswohlgefährdung
			§ 8b: fachliche Beratung und Begleitung
			§ 9: Grundrichtungen der Erziehung, Gleichberechtigung
			§ 10 Abs. 3: Die Leistungen nach diesem Buch gehen Leistungen nach dem Zweiten Buch vor.
			§§ 16–20: Angebote der Jugendhilfe
			§ 22: Grundsätze der Förderung von Kindern in Tageseinrichtungen **Abs. 1:** Definition der Tageseinrichtung **Abs. 2:** Auftrag von Tageseinrichtungen **Abs. 3:** Umfang der Förderung
			§ 22a: Förderung in Tageseinrichtungen **Abs. 2:** Erziehungspartnerschaft, Vernetzung, Kooperation Kindertageseinrichtung/Schule

Gesetz	Inhalt	Bedeutung für Sie	Die wichtigsten Vorschriften für Sie
			§ 24: Rechtsanspruch auf einen Platz in Tageseinrichtungen oder Tagespflege
			§§ 27–35: Hilfen zur Erziehung
			§ 30: Leistungen der Frühförderung und -erkennung
			§ 35a: Eingliederungshilfe für seelisch behinderte Kinder und Jugendliche
			§ 36: Hilfeplan
			§ 45: Betriebserlaubnis
			§§ 55, 56: heilpädagogische Maßnahmen
			§§ 61–68: bereichsspezifischer Sozialdatenschutz
			§ 69: Träger der öffentlichen Jugendhilfe
			§ 72a: Tätigkeitsausschluss einschlägig vorbestrafter Personen/ erweitertes Führungszeugnis
			§§ 74, 75: Anerkennung als Träger der freien Jugendhilfe und Förderung
			§ 74a: Finanzierung von Tageseinrichtungen
			§ 77: Vereinbarung zwischen freien und öffentlichen Trägern der Jugendhilfe über Kosten
			§§ 90–97b: Kostenbeteiligung
Sozialgesetzbuch IX	Rehabilitation und Teilhabe behinderter Menschen	Von diesem Buch betroffen sind Kinder mit Behinderung in Regeleinrichtungen sowie heilpädagogischen Einrichtungen. Die genannten Vorschriften sind immer im Zusammenhang mit denen des SGB XII sowie mit § 35a SGB VIII zu sehen.	**§ 30:** Früherkennung und Frühförderung
			§ 54: Kinderbetreuungskosten
			§ 55: Leistungen zur Teilhabe am Leben in der Gemeinschaft
			§ 56: Voraussetzungen der heilpädagogischen Leistungen

Gesetz	Inhalt	Bedeutung für Sie	Die wichtigsten Vorschriften für Sie
Sozialgesetzbuch X	Sozialverwaltungsverfahren und Sozialdatenschutz	Dieses Buch ist genau wie SGB I als allgemeiner Teil für die gesamte Sozialgesetzgebung verbindlich.	**§§ 67–85a:** bereichsspezifischer Sozialdatenschutz für die Kinder- und Jugendhilfe
			§ 67: Definition von Betriebs- und Geschäftsgeheimnissen einer Kita
			§ 67a: Datenerhebung
			§ 67b: Datennutzung
			§ 67d: Datenübermittlung
			§§ 68–75: gesetzliche Übermittlungsbefugnisse
			§ 85: Bußgeldvorschriften bei Verletzung des Sozialgeheimnisses
			§ 85a: Strafvorschriften
Sozialgesetzbuch XI	Soziale Pflegeversicherung		
Sozialgesetzbuch XII	Sozialhilfe	Leiten Sie einen Sonderkindergarten bzw. eine heilpädagogische Einrichtung, ist dieses Buch für Sie wichtig. Außerdem sind einzelne Vorschriften wichtig, wenn es um die Kita-Beiträge der Eltern geht.	**§ 2:** Nachrang der Sozialhilfe
			§ 13: Leistungen für Einrichtungen, Vorrang anderer Leistungen
			§ 34: Bedarfe für Bildung und Teilhabe
			§ 34a: Erbringung der Leistungen für Bildung und Teilhabe
			§ 53: Eingliederungshilfe: Leistungsberechtigte und Aufgabe
			§ 54: Leistungen der Eingliederungshilfe

Hinweis

Die in diesem Heft dargestellten rechtlichen Inhalte erheben keinen Anspruch auf Vollständigkeit und können im Einzelfall auch nicht die juristische Beratung ersetzen. Spezialfälle und Auslegungsfragen gehören ohnehin stets in die Hände von Juristen. Der Verlag übernimmt für die Inhalte dieses Heftes keine Gewähr.

Literatur

Gesetzessammlungen:

- Das gesamte Sozialgesetzbuch SGB I bis SGB XII mit Durchführungsverordnungen, Wohngeldgesetz und Sozialgerichtsgesetz. 17. Aufl. Regensburg: Walhalla 2014/I.

- Bürgerliches Gesetzbuch. 73. Aufl. München: C.H. Beck 2014.

Gerichtsentscheidungen:

- Entscheidungen des Bundesgerichtshofes unter: www.bundesgerichtshof.de

- Entscheidungen des Bundessozialgerichtes unter: www.bundessozialgericht.de

Fachliteratur und Lexika:

- Creifelds, Carl (2013): Rechtswörterbuch, 21. Aufl., München: C.H. Beck.

- Fialka, Viva (2012): Wie Sie die Zusammenarbeit mit Eltern professionell gestalten. Bildungs- und Erziehungspartnerschaft. kindergarten heute – management kompakt. 2. Aufl. Freiburg: Verlag Herder.

- Langen, Tanja von (2013): Rechts- und Sozialkunde für Erzieherinnen und pädagogische Fachkräfte. Freiburg: Verlag Herder.

- Langen, Tanja von (2013): Arbeitsrecht für Kindertageseinrichtungen. kindergarten heute – management kompakt. Freiburg: Verlag Herder.

- Maywald, Jörg (2014): Kindeswohlgefährdung – vorbeugen, erkennen, handeln. kindergarten heute – wissen kompakt/spezial. 2. Aufl. Freiburg: Verlag Herder.

- Schlaeger, Tobias/Linder, Myra (2011): Unfallversicherung für Kinder in Tagesbetreuung, Schüler und Studierende. Baden-Baden: Nomos.

- Vollmer, Knut (2012): Fachwörterbuch für Erzieherinnen und pädagogische Fachkräfte. 10. Aufl. Freiburg: Verlag Herder.

- Weltzien, Dörte/Albers, Timm (Hrsg.) (2014): Vielfalt und Inklusion. kindergarten heute – wissen kompakt/spezial. Freiburg: Verlag Herder.

Gesetzeskommentare:

- Mrozynski, Peter (2009): SGB VIII Kinder- und Jugendhilfe. 5. Aufl. München: C.H. Beck.

- Palandt, Otto (2014): Bürgerliches Gesetzbuch. 73. Aufl. München: C.H. Beck.

- Wiesner, Reinhard (2011): SGB VIII Kinder- und Jugendhilfe. 4. Aufl. München: C.H. Beck.

Impressum

management kompakt: Sozialrecht für Kindertageseinrichtungen ist ein Sonderheft von kindergarten heute – Die Fachzeitschrift für Erziehung, Bildung und Betreuung von Kindern

Redaktion
Franziska Aehlen (verantw.)
Carolin Küstner

Anschrift der Redaktion
Hermann-Herder-Str. 4
79104 Freiburg
Tel.: 0761/2717-439
Fax: 0761/2717-240
E-Mail: redaktion@kindergarten-heute.de
www.kindergarten-heute.de

Verlag

www.herder.de

Fotos
Hartmut W. Schmidt, Freiburg

Layout, Satz und digitale Bearbeitung
rsrdesign, Wiesbaden; www.rsrdesign.de

Druck
Medienhaus Plump GmbH, Rheinbreitbach

Leserservice
Verlag Herder GmbH
Hermann-Herder-Str. 4
79104 Freiburg
Tel.: 0761/2717-379
0761/2717-244
Fax: 0761/2717-249
E-Mail: kundenservice@herder.de

Gedruckt auf chlorfrei gebleichtem Papier

Titelnummer 296
ISBN: 978-3-451-00296-0